1인 기업 마스터플랜

1인 기업 마스터플랜

초판 1쇄 발행 2022년 12월 1일

지은이	theD마스터플랜연구소(이경윤)
발행인	조상현
마케팅	조정빈
편집인	김유진
디자인	김희진

펴낸곳	더디퍼런스
등록번호	제2018-000177호
주소	경기도 고양시 덕양구 큰골길 33-170
문의	02-712-7927
팩스	02-6974-1237
이메일	thedibooks@naver.com
홈페이지	www.thedifference.co.kr

ISBN   979-11-61253-74-9 03370

더스 | 더디 | 더디퍼런스 | 마이북

1인 기업
마스터플랜

theD마스터플랜연구소 지음

더디퍼런스

미래 유망 직업으로 1인 기업이 있다!

　청소년이 열심히 공부하는 이유는 결국 자신이 원하는 직업을 갖기 위해서다. 십대가 직업을 탐색할 때 첫 번째로 고려해야 할 점은 미래에 유망한 직업인가일 것이다. 십대가 직업을 갖게 될 때는 지금이 아니라 '미래'이기 때문이다. 만약 지금 유망하다고 열심히 준비했는데 미래에 그 직업이 없어진다면 모든 일이 허사로 돌아갈 수 있다.

　두 번째로 안정된 수입을 얻을 수 있느냐도 중요하다. 한 조사에서 우리나라 사람들이 직업을 갖는 첫 번째 이유로 경제적 이유를 들었을 정도로 중요한 부분이다. 세 번째로 어느 정도 자유로운 시간이 보장되는가도 직업을 정하는 데 중요한 부분이다. 과거에는 오로지 직업에 헌신하여 열심히 일하는 것이 미덕이었으나 지금은 직업 못지않게 개인 시간을 충분히 갖는 것이 중요한 시대이기 때문이다.

이러한 요소들을 모두 갖춘 직업은 많지 않지만 그중 하나로 1인 기업이 있다. 아마도 1인 기업이 무엇인지 생소할 수 있다.

먼저, 1인 기업이 미래에 유망한 이유는 무엇일까? 그것은 4차 산업혁명과 직접적인 관련이 있다. 4차 산업혁명의 핵심 기술이 인공지능과 사물인터넷이라고 했을 때 이 기술을 사무실 환경에 적용하면 굳이 사무실에 모여 일하지 않아도 언제 어디에서나 업무를 볼 수 있는 시스템이 만들어진다. 이것은 회사에 출근하지 않아도 집에서 충분히 일할 수 있는 업무 환경이 이루어진다는 것을 뜻한다. 이는 곧 4차 산업혁명 기술로 인하여 나 혼자 가만히 집이나 사무실에 앉아서도 기업을 운영할 수 있는 시대가 온다는 것을 뜻한다.

코로나19가 이러한 변화를 더욱 가속했다. 코로나19는 사람들을 모이지 못 하게 했고, 이는 기업 형태를 조직에서 개인으로 바꾸는 변화를 이끌어냈다. 재택근무가 많아지고 있는 것이 그 증거이다. 코로나19로 인한 직업의 변화에 가장 적합한 직업으로 1인 기업이 떠오르고 있다. 1인 기업이야말로 혼자서도 일할 수 있는 직업이기 때문이다. 본격적으로 4차 산업혁명 시대가 열리면 1인 기업 전성시대가 오리라 예견된다. 이런 이유로 1인 기업은 미래의 유망 직업으로 떠오르고 있다.

1인 기업은 돈과 시간에서 자유로운 직업이라는 데 큰 장점이 있다. 직장생활을 하면 내가 원하는 만큼 돈을 주지 않으므로 돈에서 자유롭지 못하고, 몸도 종일 얽매여 있어야 한다. 하지만 1인 기업으로 성공하면 이 두 가지를 모두 만족시킬 수 있다. 1인 기업이 직장인보다 돈을 더 많이 버는 것은 그 분야 전문가로서 수입의 100퍼센트를 자신이 가질 수 있기 때문이다. 만약 월 200만 원을 받는 직장인이라면 적어도 1,000만 원 이상은 벌어야 회사가 돌아가게 되어 있다. 반면 1인 기업인은 수익이 모두 자신의 몫이다. 따라서 직장인보다 시간당 수입 면에서 유리하다. 나아가 사업 시스템 구축에 성공한다면 훨씬 많은 돈을 벌 수도 있다.

무엇보다 1인 기업은 시간을 자유롭게 쓸 수 있다. 내가 주인이므로 얼마든지 시간을 조절할 수 있다. 1인 기업으로 사업 특성과 자신이 일하는 방식을 고려해 시스템을 구축하면 노동 시간은 줄이면서도 생산성을 높일 수 있다. 이로써 시간의 자유도 누리게 되는 것이다. 만약 여러분 중에 돈이나 시간에서 자유로운 직업을 꿈꾼다면 이제부터 시작하는 1인 기업 이야기에 귀를 기울여보자.

이 책은 청소년에게 1인 기업가에 대해 소개하고 이해시키기 위해 쉽고 재미있게 썼다.

1장에서는 1인 기업이 무엇인지 개념을 소개하고 1인 기업의 분야와 종류에 대해 알아본다. 특히 법에서 정한 1인 창조기업이 무엇인지에 대해서도 자세히 소개했다.

2장에서는 1인 기업가가 되는 방법을 제시했다. 구체적으로 누가 1인 기업가가 될 수 있는지, 1인 기업가가 되기 위해 어떤 준비를 해야 하는지, 1인 기업가가 되는 구체적 방법과 1인 기업체를 세우는 방법을 알려준다.

3장에서는 성공한 1인 기업가가 되는 방법에 대해 다룬다. 1인 기업은 매력적인 만큼 실패의 위험도 도사리고 있다. 따라서 다양한 성공과 실패 사례를 통하여 성공한 1인 기업가가 되는 방법을 소개했다.

4장에서는 미래에 4차 산업혁명과 더불어 1인 기업의 모습이 어떻게 펼쳐질지 알아본다. 이와 함께 미래에 유망한 1인 기업 분야에 대해서도 살펴보았다.

부디 이 책을 통하여 1인 기업가를 꿈꾸고 미래에 성공하는 1인 기업가가 많이 나오길 기대해본다.

theD마스터플랜연구소

차례

프롤로그 미래 유망 직업으로 1인 기업이 있다! _ 4

1장 1인 기업이란 직업도 있다?

1인 기업이란 무엇인가? _ 12

1인 기업의 분야와 종류 _ 22

법으로 정한 1인 창조기업도 있다! _ 31

마스터플랜 GOGO 심부름 앱으로 우뚝 선 1인 기업가! _ 36

2장 1인 기업가가 되는 방법

누가 1인 기업가가 되는가? _ 42

1인 기업가가 되기 위한 준비 _ 48

1인 기업가가 되는 구체적 방법 _ 67

1인 기업 설립, 따라해보기 _ 75

마스터플랜 GOGO 생활 속 발명으로 1인 기업을 성공시키다! _ 79

3장 1인 기업가로 성공하려면?

돈과 시간에서 자유로운 1인 기업가 _ 84

1인 기업은 꼬박꼬박 월급 나오는 직업이 아니다 _ 94

지금은 1인 기업가가 성공하기 딱 좋은 환경 _ 103

그들은 늘 아이디어와 싸운다 _ 108

성공한 1인 기업가의 비밀을 배워라 _ 119

1인 기업가의 성공과 실패 _ 129

마스터플랜 GOGO 인터넷 쇼핑몰에서 온라인 콘텐츠 강사까지! _ 140

4장 1인 기업가의 미래는 어떨까?

4차 산업혁명이 미래 직업을 바꾼다 _ 146

미래 기업의 유망 모델, 1인 기업 _ 155

미래에 유망한 1인 기업의 분야들 _ 160

마스터플랜 GOGO 독서와 글쓰기만으로 1인 기업 최강자의 자리까지! _ 168

1장

1인 기업이란
직업도 있다?

1인 기업이란
무엇인가?

혼자서 하는 기업?

제목을 보면서 '어떻게 한 사람이 기업을 운영할 수 있지?'하는 의문이 생길 수 있다. 어쩌면 1인 기업이란 말을 처음 들어보는 사람도 있을지 모르겠다. 생소한 말을 처음 접할 때 그 뜻을 아는 기초적인 방법은 사전을 찾아보는 일이다. 표준국어대사전에서 '기업'을 찾아보면 '영리를 얻기 위하여 재화나 용역을 생산하고 판매하는 조직체'라고 나온다. 즉 기업이란 혼자서 하는 게 아니라 여러 사람이 모여야만 할 수 있는 것이며 사업을 하는 조직임을 알 수 있다. 여기서 사업이란 '생산과 영리를 목적으로 지속하는 계획적인 경제 활동'이다.

그런데 1인 기업이라니 이건 도대체 무엇일까? 이 역시 사전을 찾아보면 '혼자서 사업의 모든 것을 꾸려 나가는 기업'이라고 나와 있다. 사전에도 나올 만큼 1인 기업은 보편화된 직업 중 하나이다. 그렇다면 혹시 동네에서 작은 슈퍼를 하는 사람도 1인 기업가일까? 그런데 보통 작은 슈퍼를 하는 사람은 장사한다고 하지 사업한다고 하지 않는다. 그러니 그 사람은 1인 기업가가 아닌 게 분명하다. 그러면 혼자 핸드폰 가게를 운영하는 사람은 어떨까? 우리의 상식으로 이 사람 역시 가게를 운영한다고 하지 1인 기업가라는 표현은 쓰지 않는다.

장사와 사업의 차이가 중요!

우리는 여기에서 장사와 사업의 차이에 대하여 아는 것이 중요하다. 왜냐하면 '기업'에 사업을 하는 곳이란 뜻이 포함되어 있기 때문이다. 따라서 1인 기업도 혼자서 장사가 아니라 사업하는 곳이란 사실을 알 수 있다. 반대로 작은 슈퍼나 핸드폰 가게는 사업이 아니라 장사하는 곳이다.

그렇다면 장사와 사업의 차이는 무엇일까? 이 역시 사전을 보면 이해할 수 있다. 장사는 국어사전에 '이익을 얻으려고 물건을 사서 파는 일'이라고 나온다. 동네 슈퍼는 이익을 얻으려고 식품 등 잡화류를 싸게 사서 이익을 붙여 손님에게 판다. 이런 원리는 핸드폰 가게도 마찬가지다. 이런 경제 행위는 장사에 속하는 것이다.

그렇다면 사업이란 무엇일까? 사업은 '어떤 일을 목적(이익)을 가지고 짜임새 있게 경영하는 일'이라고 나와 있다. 그런데 이 뜻만 가지고는 장사와 사업의 차이를 정확히 이해하기 힘들다. 왜냐하면 장사도 더 많은 이익을 얻기 위해 짜임새 있게 경영할 수 있기 때문이다. 그런데 이 사전적 뜻에 '폭넓게'라는 말을 넣으면 장사와 사업의 차이에 대해 조금 더 분명히 이해할 수 있게 된다. 즉, 사업이란 '어떤 일을 목적(이익)을 가지고 짜임새 있고 폭넓게 경영하는 일'이 되는 것이다.

A씨는 대구에서 ○○감자탕이라는 식당을 열었다. 먼저 최고의 감자탕 맛을 내는 데 신경을 썼고 다음으로 손님 응대에 집중했다. 주차부터 홀 서비스, 마지막 식사를 끝내고 나갈 때까지 손님이 편안하게 식사하고 갈 수 있도록 시스템을 만들었다. 그 결과 ○○감자탕은 대성공을 거두어 줄 서서 먹는 맛집이 되었다. 이때부터 A씨는 처음에 계획했던 프랜차이즈 사업을 펼쳐나가기 시작했다. 본점과 똑같은 맛과 시스템을 갖춘 지점을 전국적으로 늘려나가기 시작한 것이다. 그 결과 ○○감자탕 사업은 대성공을 거두어 전국에 수십 개의 가맹점을 둔 기업으로 성장하게 되었다.

위 에피소드에서 장사와 사업의 차이를 명확히 알 수 있다. 처음 대구에 문을 연 ○○감자탕은 장사에 속한다. 하지만 전국에 가맹점을 둔 ○○감자탕은 장사를 넘어 사업으로 개념이 확장된다. 대개 장사는 좁은 범위에서 움직인다. 동네나 지역에 가게나 점포를 놓고 그 지역 사람들을 상대로 한다.

하지만 사업은 그 대상이 장사보다 훨씬 폭넓으며 대개는 장소에 제약이 없다. 요즘 같은 글로벌 시대에는 해외로까지 뻗어나갈 수 있다. 이것이 장사와 사업의 명확한 차이이다. 따라서 장사로 벌 수 있는 이익보다 사업으로 벌 수 있는 이익이 훨씬 크다. 그래서 동네 가게나 지역의 점포들은 장사한다고 하지 사업한다고 하지 않는 것이다.

이제 사업이라는 개념이 이해되었다면 1인 기업의 뜻도 쉽게 이해할 수 있을 것이다. 기업은 사업하는 곳이지 장사하는 곳이 아니다. 따라서 혼자서 하는 장사가 아닌 사업을 하는 곳이 바로 1인 기업이 되는 것이다.

프리랜서도 1인 기업일까?

1인 기업과 매우 비슷한 개념으로 프리랜서라는 직업이 있다. 프리랜서는 소속이 없는 특정한 분야의 전문가를 말한다.

전문 기술과 관련된 거의 모든 직업에 프리랜서가 존재한다. 예를 들어 방송국에서 일하는 아나운서도 방송국을 나와 혼자 일하면 프리랜서가 된다. 2012년, 전현무 씨가 방송국에서 나와 프리랜서를 선언하면서 큰 성공을 거두었다. 만약 신문사에 소속되어 있던 기자가 신문사를 나와 여러 신문사를 상대로 혼자 일하면 이 또한 프리랜서이다. 최근 프리랜서 기자들도 느는 추세. 여러 출판사와 거래하는 작가는 프리랜서로 일하는 대표적 직업이다. 정치를 그만두고 전업 작가로 돌아온 유시민 씨는 이제 정치인이 아니라 프리랜서 작가이다.

이러한 프리랜서는 한 기업에 속해 있지 않으므로 자신의 전문 기술을 필요로 하는 여러 기업과 거래하며 일하기 때문에 수입 면에서 한 곳에 소속되어 있는 직장인보다 유리할 수 있다. 이 때문에 한때《누구나 연봉 7천만 원 프리랜서가 될 수 있다》라는 책이 나와 유행을 타기도 했다.

프리랜서가 수입 면에서 직장인보다 유리한 이유는 경제 논리 때문이다. 직장인의 경우 자신이 받는 월급보다 몇 배의 수익을 내야 그 월급을 받는 구조로 되어 있다. 그래야 회사가 돌아가기 때문이다. 하지만 프리랜서는 이처럼 회사를 위한 비용이 따로 들어가지 않기 때문에 자신이 버는 돈이 전부 자신의 몫이 되는 구조다. 이 때문에 시간당 버는 수입 면에서 프리랜서는 직장인보다 훨씬 유리할 수 있다. 하지만 모든 프리랜서가 그런 것은 아니고 고정 수입이 없어 금전적으로 어려워하는 프리랜서도 많다.

어쨌든 프리랜서는 성격 면에서 1인 기업과 매우 유사해 보인다. 하지만 1인 기업과 프리랜서는 성격 면에서 결정적 차이가 있다.《1인 기업을 한다는 것》*의 저자 이치엔 가쓰히코는 1인 기업과 프리랜서의 차이에 대해 다음과 같이 명확히 기술하고 있다.

- **프리랜서**: 자신의 전문성을 이용해서 능력을 매출로 바꾸는 개인사업자.
- **1인 기업**: 자신의 전문성을 상품화해서 그 상품과 서비스를 판매하는 비즈니스 모델을 구축한 뒤 매출을 올리는 법인.

얼핏 보면 비슷해 보이지만 자세히 보면 프리랜서와 1인 기업의 차이를 명확히 구분할 수 있다. 즉 1인 기업은 프리랜서와 거의 비슷한 성격을 띠지만 프리랜서에는 없는 두

- 이치엔 가쓰히코, 박재영 역,《1인 기업을 한다는 것》, 센시오, 2020.

가지가 있다. 이치엔 가쓰히코는 그것이 바로 '상품화한 비즈니스 모델 구축'과 '법인'이라 말한다.

프리랜서는 자신의 전문성을 관련 기업에 파는 단순한 모양새를 가진다. 하지만 1인 기업은 이러한 자신의 전문성을 그냥 기업에 팔지 않고 비즈니스 모델로 상품화한 후 그것을 기업에 판다. 이 둘은 전문성을 판다는 점에서는 비슷해 보이지만 차이가 크다.

프리랜서는 기업이 자신의 전문성을 선택해 줘야만 비로소 일할 기회가 생긴다. 그래서 프리랜서는 기업과의 관계에서 늘 주체적일 수 없다. 하지만 1인 기업의 비즈니스 모델로 상품화한 전문성은 이야기가 달라진다. 각 기업이 서로 사가려고 하기 때문에 기업과의 관계에서 주체적인 입장에 설 수 있다.

기업과의 관계에서 주체적으로 일할 수 있는 것은 매우 중요한 조건이다. 가령 프리랜서는 기업이 원하는 콘텐츠를 만들어야 한다. 하지만 1인 기업은 내가 원하는 콘텐츠를 만들어 기업에 팔 수 있다. 일을 하면서 내가 원하는 대로 콘텐츠를 만드는 것은 매우 즐거운 일이다. 반대로 본인이 원하지 않는 콘텐츠를 만드는 일은 힘들고 괴로운 일이 될 수도 있다.

이처럼 프리랜서와 1인 기업의 차이를 통하여 1인 기업의 성격에 대해 좀 더 세밀히 알 수 있다.

1인 기업이 좋은 이유

지금까지 1인 기업의 정의를 토대로 1인 기업이 좋은 이유에 대해 정리해보자.

먼저 내 계획에 따라 내 마음대로 업무량을 조절할 수 있기 때문에 시간에서 자유롭다. 또한 1인 기업 시스템을 잘 구축하면 당장 지금 일하지 않아도 수입이 들어오는 구조를 만들 수 있다. 이것은 마치 매일 물을 떠와야 물을 먹을 수 있지만 파이프라인을 잘 구축하면 물을 떠오는 수고를 하지 않아도 집에 앉아서 물을 먹을 수 있는 것에 비유할 수 있다. 출판사에서 인세(저작물이 팔리는 수량에 따라 치르는 돈)를 받는 작가도 시스템으로 수입을 얻는 대표적인 경우다. 가령 작가가 여행을 다니는 중에도 서점에서 책이 팔리니 돈을 벌고 있는 셈이다. 즉 일하지 않아도 수입이 들어오는 구조이다.

1인 기업이 성공할 경우 경제적 자유도 얻을 수 있다. 직장 다닐 때 식당에 가면 메뉴판에서 음식보다 가격을 먼저 보게 되지만 경제적 자유를 얻게 되면 가격에 구애받지 않고 먹고 싶은 음식을 고를 수 있다. 이것이 경제적 자유를 얻은 사람과 얻지 못한 사람의 차이이다.

무엇보다 1인 기업은 내가 원하는 콘텐츠를 내가 주체적인 입장에서 생산할 수 있다는 장점이 있다. 이것은 인생의 행복과도 직결된다. 인간은 존귀한 존재이다. 그래서 누구나 남에게 간섭받기 싫어하고 남이 시키는 일을 하기 귀찮아 한다. 그런데 평생 남이 시키는 일만 한다면 어떻게 행복할 수 있겠는가. 하지만 남에게 간섭받지 않고 내가 원하는 일을 하면서 돈을 번다면 이보다 더 큰 행복이 어디 있겠는가. 그런 점에서 1인 기업은 일반 직장인으로서 갖지 못하는 여러 장점을 누릴 수 있다.

코로나19가 1인 기업 시대를 더욱 부추긴다

1인 기업이 트렌드로 떠오르는 데는 코로나19도 한몫했다고 볼 수 있다. 왜냐하면 코로나19는 사람 간에 바이러스를 옮기는 전염병이어서 사람들이 모이지 못 하게 하였고 이 때문에 문을 닫은 기업들이 한둘이 아니기 때문이다. 기업이란 소비자들을 대상으로 이익을 만들어내는 집단인데 소비자들을 모이지 못하게 하니 그 손해가 이만저만이 아니다. 게다가 기업 자체도 사람들이 모여서 사업을 하는 곳인데 구성원들을 모이지 못하게 하니 기업이 제대로 운영되기 힘들다. 이렇게 해서 망하거나 구조조정으로 실직한 많은 기업의 전문가들이 거리로 쏟아져 나오게 되었다.

　이러한 기업의 전문가들도 살길을 찾다가 그중 기업 마인드를 가지고 있던 사람들이 1인 기업이란 직업에 뛰어들게 되면서 1인 기업이 더욱 주목받게 된 것이다.

1인 기업의
분야와 종류

지금까지 1인 기업이란 무엇이며, 어떠한 장점이 있는지 알아보았다. 이번에는 이러한 1인 기업의 구체적 모습에 대해 알아보자.

우리가 보통 알고 있는 직업은 이미 사회적으로 널리 알려져 있기에 직업 이름만 대면 대략 하는 일이 머리에 떠오른다. 하지만 1인 기업이란 직업은 워낙 생소하고 그 분야가 다양하며 종류가 많기에 도대체 어떤 일을 하는지 머리에 떠오르지 않을 수 있다. 한국고용정보원이 펴낸 《한국직업사전》(2019년 12월 31일 기준)에 따르면 우리나라 직업 수는 12,823개, 직업명은 16,891개이다. 그리고 지금 이 순간도 계속하여 새로운 직업이 생겨나고 있다. 이 많은 직업 중 전문성을 가진 직업이라면 어떤 직업이든지 1인 기업에 도전할 수 있다.

그렇다면 1인 기업의 분야와 종류에는 어떤 것들이 있을까? 안타깝게도 1인 기업은 아직 우리나라에서 보편화된 직업이 아니기에 공신력 있는 기관에서 체계적으로 1인 기업의 분야와 종류에 대해 정리된 자료는 없는 상태이다. 이에 1인 기업과 관련된 여러 자료*를 바탕으로 1인 기업의 분야와 종류에 대해 정리해보았다.

1인 기업, 지식 분야

지식 분야의 1인 기업은 자신의 전문적 지식을 바탕으로 기업 활동을 펼쳐나간다. 여기에는 강연가, 작가, 칼럼니스트, 컨설턴트 등이 포함될 수 있다.

첫째, 먼저 강연가, 작가, 칼럼니스트 등에 대해 알아보자. 강연가는 자신만의 전문 지식을 바탕으로 이 지식을 상품화하여 필요로 하는 여러 곳을 다니며 강연 활동을 펼치는 직업이다. 요즘 인기를 끌고 있는 김창옥 교수나 김미경 강사 등은 이미 프리랜서를 넘어 기업이 되었다. 작가는 자

---

* 1) 비즈니스 미디어 비즈플레이스 뉴스팀, '1인 기업의 현황과 창업 아이템 총정리', 2) 재경일보, 김영문 교수의 창업학 동영상 강좌 <1인(지식) 기업의 창업 아이템 종류>, 3) 이장우, 심상민 외, 《나의 행복한 일터 1인 창조기업》, 형설라이프, 2009.

신의 전문 지식을 글이나 그림으로 작업하여 책을 펴내거나 인터넷에 올리는 직업이다. 글 작가뿐만 아니라 만화가, 웹툰 작가, 웹소설 작가도 이에 포함된다. 꾸준히 베스트셀러를 내고 있는 유시민 씨는 대표적인 작가이며, 방송을 타면서 인기를 끈 기안84는 대표적 웹툰 작가이다.

그런데 강연가와 작가라는 직업은 필연적으로 연결되어 있다. 강연이 유명해져서 그 콘텐츠를 책으로 출판하거나 거꾸로 책이 유명해지면 강연으로 연결되기 때문이다. 예를 들어 강연가로 유명세를 탄 김미경 씨는 자신의 강연 내용을 책으로도 써 여러 베스트셀러를 만들어낸 작가이기도 하다.

칼럼니스트는 어떤 사회현상에 대한 전문 지식을 바탕으로 자신의 글을 신문사나 잡지사 등에 기고하는 직업이다. 강연가, 작가, 칼럼니스트가 1인 기업 시스템으로 움직인다면 이 직업들은 1인 기업으로 손색이 없다. 하지만 기존처럼 프리랜서 개념으로 움직인다면 1인 기업과 구분되므로 이를 유의해야 한다.

둘째, 컨설팅 분야도 1인 지식기업 분야에 포함될 수 있다. 컨설팅이란 어떤 분야에 전문적인 지식을 갖춘 사람이 고객을 상대로 상담하고 조언하는 일을 하는 직업 분야이다. 이러한 컨설팅을 의뢰하는 고객은 기업이 될 수도 있고 단체나 개인이 될 수도 있다. 회사를 대상으로 마케팅과 홍보, 직원 교육을 어떻게 할 것인가에 대해 컨설팅할 수도 있고, 회사의 전반적 경영 상태에 대해 컨설팅할 수도 있다. 최근에는 개인 맞춤형 컨설팅이라 할 수 있는 '코칭'이란 직업도 생겼다. 한편 최근에 떠오르는 '미스터리쇼퍼'라는 직업도 있다. 소비자의 눈으로 매장의 문제점을 찾아내어 컨설팅을 해주는 직업이다.

이러한 컨설팅 분야는 이미 1인 기업과 비슷한 시스템을 갖추고 시작한 사람들이 많기에 다른 프리랜서보다는 1인 기업에 더 가깝다고 할 수 있다.

1인 기업, 온라인 분야

1인 기업의 온라인 분야를 생각할 때 가장 먼저 떠오르는 직업이 온라인쇼핑몰일 것이다. 온라인쇼핑몰은 온라인 시대가 열리면서 각광받은 직업 중 하나이다. 연예인 중에 누가 온라인쇼핑몰로 성공했다느니 하는 기사가 나오면서 유명해진 직업이기도 하다. 온라인쇼핑몰은 온라인쇼핑몰을 설계하고 유통망을 구축하는 일이 온라인상에서 진행되므로 혼자서 하기에 적합하다. 온라인쇼핑몰의 분야는 비단 패션뿐만 아니라 온갖 식품에서부터 판촉물과 인쇄물도 가능하다.

온라인 분야 중에는 온라인을 통해 중개하는 온라인 중개업도 있다. 예를 들어 베이비시터, 가사도우미, 학습도우미 같은 일을 온라인으로 연결해주는 시스템을 만들면 그것이 바로 온라인 중개업이 된다.

온라인 카페나 블로그 활동을 열심히 하여 온라인 1인 기업으로 성공하는 예도 있다. 요리나 건강 등 생활 관련 카페나 블로그를 만들어 회원이 많아지는 경우 유명세를 타서 그것이 곧 책 출판, 강연, TV 출연 등으로 이어지기도 한다. 이렇게 두각을 나타낸 사람들을 '파워블로거'라 하며 꼬마츄츄, 리오메, 나무처럼, 코와잉, 요리천사 윤희정 등이 대표적인 파워블로거이다.

온라인 1인 기업으로 유튜브 크리에이터를 들지 않을 수 없다. 온라인 개인방송 시대가 열리면서 수많은 인기 유튜버들이 등장했으며 크게 성공한 유튜버의 경우 인기스타 수입이 부럽지 않을 정도다. 신기한 실험 등으로 성공한 허팝, 먹방으로 이름을 날린 쯔양, 어린이 유튜브 대통령이 된 도티, 흔한남매 등이 대표적이며 이러한 인기 유튜버들은 월 수익만 수억을 버는 대열에 올라서 있다.

1인 기업, IT 분야

우리나라에 IT 시대가 열리면서 IT 관련 산업이 크게 발전하였고 여기에서 IT 전문가가 무수히 배출되었다. 대표적 IT 관련 전문 직업으로는 콘텐츠 제작자, 프로그래머, 웹디자이너, 일러스트레이터 등이 있다. 이러한 IT 전문가들이 IT 기업에서 나와 독립하면서 프리랜서로 활동하기 시작했다. 그리고 오늘날에 이르러서는 1인 기업가로 활동하는 사람들이 많다.

콘텐츠 제작자는 영상이나 홈페이지, 블로그 등 온라인 콘텐츠를 필요로 하는 사람에게 콘텐츠(영상, 홈페이지, 블로그 등)를 만들어주는 일을 하는 직업이다. 기업을 대상으로 할 수도 있고 개인을 대상으로 할 수도 있다. 과거 홈페이지 붐이 일었을 때 홈페이지 제작자들이 성황을 이룬 적이 있다. 하지만 유튜브 영상의 필요가 폭발적으로 늘어나고 있는 지금 영상 콘텐츠 제작자가 전성기를 누리고 있다. 이러한 시대에 1인 기업적 마인드를 가지고 접근한다면 얼마든지 유튜브 영상 콘텐츠 제작 1인 기업가로 성공할 수 있는 기회가 펼쳐져 있다. 현재 많은 유튜브 영상 제작자들이 PD라는 이름으로 활동하고 있다.

영상 소비자들이 재미있고 편안하게 영상을 볼 수 있도록 하기 위해서는 기획 및 감독, 촬영, 대본, 영상 편집 등의 전문 기술이 필요하다. 그래서 기존의 영상 제작에는 기획 및 감독하는 사람을 PD라 하고 촬영하는 사람을 카메

라맨, 작가, 영상 편집자 등 영역별로 나누었다. 하지만 1인 방송을 특징으로 하는 유튜브를 제작하는 데 분야별 인력을 모두 쓰기엔 경제적으로 부담이 크다. 이에 이 모든 기술을 갖춘 PD라는 사람이 이 역할을 맡아 진행하는 직업이 탄생했으니 바로 '유튜브 1인 PD'이다. 이러한 유튜브 1인 PD도 유망 1인 기업 직종에 속한다.

한편 온라인 콘텐츠를 제작하기 위해서는 이를 시각적으로 보기 좋게 디자인하거나 그림을 그리는 과정이 필요하다. 이때 디자인과 그림 일을 하는 직업을 각각 웹디자이너, 일러스트레이터라고 한다. 영상 제작과 관련한 전문가라면 기업적 마인드를 가지고 자신의 전문적 실력을 바탕으로 충분히 1인 기업가가 될 수 있다.

프로그래머는 IT 관련 기업에서 각종 프로그램을 만드는 일을 하는 직업이다. 과거에는 이러한 프로그램이 대규모로 진행되는 것들이 많아 개인이 하기엔 역부족인 것들이 많았다. 하지만 전문적 기술을 장착한 프로그래머들이 독립하면서 프로그래머 분야에도 1인 기업 시대가 열리게 되었다. 특히 스마트폰 시대가 열리면서 애플리케이션(앱) 개발이 폭주하고 있다. 이에 프로그래머들도 얼마든지 1인 기업가로 활동할 수 있는 환경이 마련되어 있는 시대를 맞이하고 있다. 현재 국내에서 최고의 게임회사를 운영하는 엔씨소프트 김택진 대표는 프로그래머로서 처음에 1인 기업가로 시작해 크게 성공하여 대기업을 일군 대표적인 경우라고 볼 수 있다.

유통, 제조, 서비스 등 기타 분야

지금까지 이야기한 분야 외에도 1인 기업이 진출할 수 있는 분야는 얼마든지 열려 있다.

무역은 혼자 하기에 역부족이라 생각할 수 있지만 이미 보따리 무역* 등에서 1인 기업가로 활동하는 사람들이 생겨나고 있다. 한편 사람이 살고 있거나 일하고 있는 건물과 집의 장치나 보수와 관련하여 1인 기업을 운영하는 경우도 생겨나고 있다. 예를 들어 조명설치, 각종 하자보수, 집 관리 및 청소, 친환경 실내 환경관리 등 전문 기술을 가진 사람들이 온라인에 네트워크를 구축해놓고 1인 기업으로 활동하는 경우를 들 수 있다.

이 외에도 교육사업이나 각종 여행 및 레저, 출판과 관련한 1인 기업가도 속속 배출되고 있다. 영어단어 학습기를

---

* 나라와 나라 사이에서 개인이 정식 유통 경로를 통하지 않고 하는 장사를 비유적으로 이르는 말.

개발하여 사업을 펼치는가 하면 여행 안내자로 활동하는 사람도 있다. 1인 출판은 과거부터 있었으나 여기에 주먹구구식이 아닌 체계적 기업 시스템을 장착한다면 얼마든지 1인 기업가가 될 수 있다.

법으로 정한
1인 창조기업도 있다!

1인 기업을 법으로 지정하게 된 배경

우리나라에서 1인 기업이라는 말이 맨 처음 사용된 때는 2005년부터라고 할 수 있다. 당시 구본형 작가가 쓴《그대, 스스로를 고용하라》*라는 책에서 1인 기업이라는 개념을 처음 언급했다. 그리고 구본형 작가는 실제 1인 기업 컨설턴트로 활동해 큰 성공을 거두면서 1인 기업의 선구자가 되었다.

시간이 지나면서 1인 기업가들이 여러 분야에서 나타나자 일자리 만들기에 관심이 있던 정부가 나서서 1인 기업

•   구본형, 《그대, 스스로를 고용하라》, 김영사, 2005.

을 돕기 위한 각종 지원 정책을 내놓기 시작했다. 하지만 당시만 하더라도 1인 기업이라는 개념이 법으로는 없는 상태여서 1인 기업가들이 각종 법 규제에 걸려 제대로 사업을 펼치지 못하는 상황이 곳곳에서 벌어졌다. 이에 1인 기업에 대한 법률을 만들어야 한다는 목소리가 이곳저곳에서 터져 나왔다.

이런 과정을 거치면서 결국 2011년 〈1인 창조기업 육성에 관한 법률〉이 제정되기에 이른다. 당시 정부는 1인 창조기업이 경제를 살리기 위한 일자리 만들기에 큰 도움을 줄 으로 내다보았다. 무엇보다 1인 창조기업은 창의적이고 도전적인 청년들에게 적합한 일자리 성격을 갖추고 있었고, 이미 전문 기술을 가진 퇴직자들에게도 안성맞춤의 일자리가 될 수 있었다.

법으로 정한 1인 창조기업이란?

그렇다면 어떤 기업이 〈1인 창조기업 육성에 관한 법률〉에 나오는 1인 창조기업에 해당될까? 1인 창조기업의 정의에 대해서는 시대가 지나면서 몇 번이나 고쳐야 하는 일이 일어났다. 마지막 개정이 2022년 6월에 있었는데 그 기준으로 보면 다음과 같다.

1. "1인 창조기업"이란 창의성과 전문성을 갖춘 1인 또는 5인 미만의 공동사업자로서 상시근로자 없이 사업을 영위하는 자 (부동산업 등 대통령령으로 정하는 업종을 영위하는 자는 제외한다)를 말한다.

2. "청년 1인 창조기업"이란 39세 이하인 청년이 소유하거나 경영하는 1인 창조기업으로서 대통령령으로 정하는 기준에 해당하는 기업을 말한다. [시행일: 2022. 12. 11.] 제2조

특징적인 것은 단지 혼자서만 하는 기업만 1인 창조기 업에 포함시킨 것이 아니라, 공동사업자라면 5인까지 함께 하는 기업도 1인 창조기업에 포함시키고 있다는 점이다.

또한 청년 1인 창조기업을 보통의 1인 창조기업과 구분 하고 있다는 점도 주목해야 한다. 청년 1인 창조기업을 따 로 구분하는 이유는 청년과 일반사업자의 경제력 차이가 분명히 있기 때문이다. 사회생활을 처음 시작하는 청년들은 아무래도 가지고 있는 돈이 적을 수밖에 없다. 이 때문에 정 부에서는 청년 1인 창조기업을 따로 구분하여 청년들에게 좀 더 많은 경제적 지원을 해주고 있다.

한편 '부동산업 등 대통령령으로 정하는 업종을 영위하 는 자는 제외한다.'라는 항목도 주의해야 하는데 1인 창조

기업에서 제외되는 업종은 〈1인 창조기업 육성에 관한 법률 시행령〉 제2조 제1항 및 별표1에 잘 나와 있으니 관심 있는 사람은 참고하기 바란다.

1인 창조기업에 주어지는 혜택은?

그렇다면 〈1인 창조기업 육성에 관한 법률〉에는 1인 창조기업의 지원에 대해 어느 범위까지 지정되어 있을까? 다음은 이 법률에 나오는 지원과 관련된 조항을 모두 정리한 것이다.

제8조(1인 창조기업 지원센터의 지정 등)

제9조(지식서비스 거래지원)

제10조(교육훈련 지원)

제11조(기술개발 지원)

제12조(아이디어의 사업화 지원)

제13조(해외진출 지원)

제15조(금융 지원)

제17조(조세에 대한 특례)

〈1인 창조기업 육성에 관한 법률〉이 정한 1인 창조기업에 선정이 되면 사무실부터 각종 교육, 기술개발 지원까지 받을 수 있다. 이에 금융 혜택, 세금 혜택까지 받으니 이보다 더 기업을 운영하기 좋은 조건이 없다.

사무실 같은 경우 1인 창조기업 지원센터의 공간을 지원받을 수 있다. 이곳은 회의실, 상담실, 휴게실뿐만 아니라 팩스, 프린터, 컴퓨터 등 사무용 집기도 갖추고 있기 때문에 사무실로 사용하기에 부족함이 없다. 게다가 기업 활동과 관련된 각종 문제(세무·회계·법률 등)에 대해 전문가의 상담과 교육을 무료로 받을 수 있다. 한편, 마케팅 비용을 무료로 지원해주는 제도도 있는데 여기에 선정될 경우 마케팅 비용을 지급받게 된다.

비록 1인 기업이라 하더라도 기업을 하려고 하면 준비해야 할 것이 한둘이 아니다. 게다가 초기에 들어가는 비용도 만만치 않다. 따라서 1인 기업에 관심이 있는 사람은 미리 1인 창조기업에 대해 알아보고 준비한다면 큰 혜택을 볼 수 있을 것이다. 중소벤처기업부 자료에 의하면, 1인 창조기업 수는 2017년 기준, 40만 2천 개에서 2019년 45만 8천 개로 계속하여 늘어나고 있다.

[나도 1인 기업가]
심부름 앱으로 우뚝 선 1인 기업가!

애플리케이션(이하 앱) 개발은 IT 전공 출신 1인 기업가들이 도전하는 대표 분야이다. 하루에도 수많은 앱이 쏟아져 나오지만 그중 성공하는 앱은 손에 꼽을 정도다. 그 가운데 출시 5개월 만에 다운로드 수 30만 건을 기록하며 월 매출 1억 원을 돌파한 1인 기업이 있어 화제다.

그 주인공은 미국 명문대인 스탠퍼드대학을 나온 '하이퍼로컬' 대표 조현영 씨다. 조현영 씨는 대학 졸업 후 IT 기업에서 일하다가 사업에 대한 꿈을 이루기 위해 2015년 독립하여 스타트업(이제 막 사업을 준비하고 시작한 기업)을 세웠다. 조 대표가 안정된 직장생활을 할 수 있었음에도 사업에 대한 꿈을 꾸었던 것은 어릴 적부터 사업을 하는 아버

지의 모습을 보고 자란 영향이 컸다.

아무리 명문대 출신의 인재라 하더라도 사업의 영역은 험난한 길일 수밖에 없다. 조 대표 역시 처음에는 무수히 실패를 경험해야 했다. 조 대표는 다양한 앱을 개발했지만 대부분 실패를 맛보아야 했다. 결국 생활비를 벌기 위해 아르바이트까지 해야 했다. 이때 조 대표가 선택한 일은 우버 라이더였다. 우버 라이더는 소비자 간 직접거래(C2C, consumer to consumer) 플랫폼을 바탕으로 거래되고 있었는데 조 대표는 이를 보고 번뜩이는 아이디어가 떠올랐다.

이후 조 대표는 전에 개발한 앱을 판 자금으로 2021년 4월에 1인 기업인 '하이퍼로컬'을 세우고 '해주세요' 앱을 출시하기에 이른다. '해주세요'는 바로 조 대표가 우버 라이더를 하면서 경험했던 C2C 플랫폼에서 얻은 아이디어를 바탕으로 개발한 심부름 앱이다. 이전에도 심부름 앱이 나왔지만 성공한 예가 없었다. 그 이유는 다른 분야와 달리 심부름 앱은 그 종류가 너무나 많은데도 불구하고 기업과 소비자 간 거래 방식(B2C)을 채택했기 때문이었다. 그러나 조 대표의 '해주세요'는 1인 가구 수 증가와 코로나19로 인해 투잡[*]을 하려는 사람들이 늘어난 사회현상을 잘 이용하여 소비자 간 직접거래(C2C) 방식을 채택하였다.

　결과는 대성공이었다. 한달에 5백만 원을 버는 가사도우미가 나올 정도로 인기를 끌었다. 처음에 잘 모르고 직원부터 뽑아 시작했던 스타트업은 실패했지만 도리어 1인 기업으로 시작한 '하이퍼로컬'은 성공을 이루어내고야 말았던 것이다.

[*] 참고 자료: 〈심부름 앱 '해주세요', 출시 8개월 만에 50만 회 다운로드 달성〉, 데일리 창업 뉴스, 2022. 1. 13.

● 　경제적인 목적이나 자아실현을 위하여, 한 사람이 동시에 두 가지 일이나 직업에 종사하는 일.

2장
1인 기업가가
되는 방법

누가 1인 기업가가
되는가?

혼자 일해도 외로움을 느끼지 않는 사람

1인 기업이 돈과 시간에서 자유로운 직업이라는 말에 많은 사람들이 1인 기업에 관심을 둔다. 하지만 화가가 되고 싶다고 모두 화가가 되지 못하는 것처럼 1인 기업도 하고 싶다고 누구나 할 수 있는 것은 아니다. 화가가 되기 위해서는 먼저 그림에 소질이 있어야 하고, 미술과 관련된 공부를 해야 하며 그림 공모전에 당선이 되거나 전시회를 지속적으로 열어야 비로소 화가가 될 수 있다.

마찬가지로 1인 기업가가 되고자 한다면 일단 1인 기업에 관심이 있어야 하고 이와 관련된 공부를 한다든지 경력을 쌓는 등 전문성을 키워야 한다. 그리고 기업가 마인드를 갖추고 1인 기업을 세울 때 비로소 1인 기업가가 될 수 있다.

특히 1인 기업가는 혼자서 일하기 때문에 외로움을 많이 타는 성격은 적합하지 않다. 1인 기업을 하기 위해 다니던 회사를 나온 많은 사람이 1인 기업의 단점으로 외로움을 꼽았다. 일반 회사에 다닐 때는 주변에 사람들로 둘러싸여 있기 때문에 외로움을 느낄 시간도 없다. 하지만 1인 기업을 하다 보면 때로는 온종일 사무실에 홀로 앉아 일해야할 때도 있기에 말 한마디 하지 않고 하루 일과를 보낼 때도 있다. 따라서 혼자서 일하는 것을 좋아하는 사람, 혼자 일해도 외로움을 느끼지 않는 사람이 1인 기업을 하기에 적합하다고 할 수 있다.

뛰어난 기술이나 재능이 있어야 한다

무엇이든지 혼자 좋아하는 일을 하는 것은 취미일 뿐 직업이 될 수는 없다. 내 상품(콘텐츠)을 남에게 보여줘야 하고 거기에서 좋은 평가를 받을 때 비로소 내 상품에 대한 수요가 생겨 돈도 벌 수 있게 되므로 직업이 될 수 있는 것이다. 이때 내 콘텐츠가 남이 관심을 가지고 살 만한 수준이 되기 위해서는 아마추어 실력으로는 턱도 없다.

B씨는 평소 요리를 좋아해 집에서 요리를 자주 했다. 하루는

닭볶음탕을 했는데 가족들이 너무 맛있다고 난리가 났다. 식당 차려도 되겠다며 칭찬을 아끼지 않자 우쭐해진 B씨는 진짜로 식당을 차렸다. 그런데 이상하게 B씨의 음식을 맛있게 먹어주는 손님도 있는가 하면 맛이 없다고 평가하는 손님도 있었다. 무엇보다 동시에 주문이 많을 때에는 음식을 빨리 만들어내야 하는데 B씨는 이에 대한 준비가 부족했다. 결국 B씨는 식당을 연 지 6개월도 채 되지 않아 식당 문을 닫아야 했다.

이 에피소드에서 알 수 있듯 직업인이 되려면 프로로서 전문성을 갖추어야 한다. 그래서 스포츠에서도 아마추어와 프로를 구분하는 것이다. 마찬가지로 1인 기업가가 되기 위해서는 내가 하고 싶은 분야에 대한 전문성을 갖추고 있는가를 가장 먼저 냉정하게 살펴야 한다.

외향적 성격이 있는가도 중요하다

과거부터 직장인이 되거나 사업가가 되는 것, 사무직이 되거나 영업직이 되는 것은 태어날 때부터 정해져 있다는 말이 있다. 이런 말이 나오는 까닭은 직장인과 사업가, 사무직과 영업직은 성격 차이가 크기 때문이다. 내향적인 사람이 영업직이나 사업가로 일을 하기란 쉽지 않다. 사업가나 영업직은 사람을 상대로 그들을 설득하여 자신의 회사

제품이나 서비스를 팔아야 하는 직업이기 때문이다. 이런 일을 하기 위해서는 사람 만나는 것을 좋아하는 사교성이 있어야 하고 때로는 적극적으로 상황을 돌파하는 대담함도 필요하다. 이런 일을 내향적인 사람이 지속적으로 하기는 힘들다.

성격이 내향적인 C씨는 어렵게 제법 규모가 있는 회사에 취직하여 기분이 매우 좋았다. 그런데 회사에서 그에게 맡긴 일은 텔레마케터였다. 당시는 텔레마케터란 직업이 흔하지 않을 때라 교육받을 때 C씨는 자신이 이런 일을 하게 될 것은 상상도 하지 못했다. 교육을 마치고 C씨는 본격적으로 텔레마케터 일을 하게 되었다. 예상대로 C씨는 하루 종일 전화를 돌렸음에도 불구하고 실적을 단 한 건도 올리지 못했다. 다음 날, C씨는 당장 사표를 내고 말았다.

위 에피소드에서 알 수 있듯 평소 자신이 소심하거나 내향적이라면 1인 기업가가 되는 것을 고민해봐야 한다. 기업가란 좀 더 큰 규모의 영업을 하는 직업이라고 볼 수 있기 때문이다. 결국 기업은 영업을 해야 살아남는다.

여기에서 1인 기업과 프리랜서의 경계가 명확하게 갈린다. 1인 기업가가 일을 찾아서 한다면 프리랜서는 일을 의

뢰받아서 하는 직업이다. 그래서 프리랜서는 내향적인 사람에게 좀 더 적합한 직업이다. 프리랜서는 혼자서 일을 받아서 하는 직업이므로 사람 만나는 것을 별로 좋아하지 않고 혼자서 일해도 별로 외롭지 않은 내성적 성격을 가진 사람이 하기에 안성맞춤이라 할 수 있다.

사업가 기질이 있는가도 중요하다

결국 1인 기업에서 가장 중요한 것이 사업가 기질인데 만약 성격이 좀 내성적이라 하더라도 사업가 기질이 있다면 1인 기업에 도전해볼 수 있다. 나에게 사업가 기질이 있는지 알아보기 위해서는 MBTI와 같은 성격 검사를 해보는 방법도 좋다. 만약 성격 검사에서 나에게 사업가 기질이 어느 정도 있다고 나온다면 1인 기업에 도전해볼 수도 있겠다.

이 외에도 나에게 다음과 같은 성격이 있다면 타고난 사업가의 기질이 있다고 할 수 있다.

1. 어떤 일에 도전하기를 좋아한다.

2. 평소 남들이 생각하지 못한 기발한 아이디어가 잘 떠오른다.

3. 상대방과 입장을 바꿔 생각하는 습관이 있다.

4. 다른 사람의 말을 잘 듣는 편이다.

5. 여러 사람 앞에서 말을 잘 할 수 있다.

6. 하루 종일 다녀도 피곤한 줄 모른다.

7. 간단한 대화를 하는 정도로 할 수 있는 외국어가 있다.

8. 평소 자기계발에 힘쓰는 편이다.

9. 경제관념이 있고 돈 계산도 빠른 편이다.

10. 주변에 친한 친구가 많고 모임도 많다.

11. 모임에서는 주로 리더 역할을 맡아 한다.

위 문항 중에 여섯 개 이상 해당된다면 나에게 제법 사업가의 기질이 있다고 할 수 있다. 만약 자신이 해당하는 항목이 여섯 개 미만이라 하더라도 사업을 할 수 없다는 것은 아니니 자신감을 가지기 바란다.

1인 기업가가
되기 위한 준비

꿈과 소질을 살펴야 한다

1인 기업가가 되기 위해 가장 먼저 살펴야 할 것은 당연히 내가 1인 기업에 관심이 있는가이다. 당연히 1인 기업에 관심이 있어야 1인 기업가를 준비할 수 있기 때문이다.

다음으로 1인 기업은 그 분야가 워낙 다양하기 때문에 내가 어느 분야에서 1인 기업을 할지 살펴봐야 한다. 이때 제일 첫째 되는 기준은 나의 꿈과 소질이다. 1인 기업이란 '내가 하고 싶은 일을 전문적으로 해내는 기업'이기 때문이다.

그런데 자신의 꿈과 소질을 발견하라고 하면 막막해하는 경우가 제법 많다. 꿈이 무엇인지 잘 모르거나 자신이 무엇에 재능이 있는지 잘 모르는 경우가 많다. 그런데 여기에다 대고 꿈과 소질을 모두 발견하라고 하면 이 사람들에게는 무리한 주문으로 보일 수 있다. 만약 중학생이라면 아직 시간이 있으므로 되도록 경험을 많이 하기 바란다. 여러 직업 분야의 책을 읽는 것도 도움이 될 테고 실제 여러 직업에 대해 소개하는 유튜브도 많이 나와 있으니 찾아보는 것도 좋다. 만약 학교에서 직업 체험 프로그램을 한다면 적극적으로 참여해보자. 이렇게 여러 직업을 직간접적으로 경험하다 보면 그중 어느 하나에 꽂힐 수 있기 때문이다.

D는 중3이 되자 고민에 빠졌다. 부모님은 자사고에 가기 원하는데 본인은 어중간한 상위권 성적으로 자사고를 가면 고생만 할 것 같았기 때문이다. D의 고민을 알아챈 엄마는 자사고에 가기 싫다면 차라리 고등학교 때부터 꿈을 찾아 특성화고를 가라고 권했다. 하지만 D는 그때까지 자신의 꿈이 무엇인지 몰랐다. 그러나 진학을 결정하기까지 시간이 많지 않았다. D는 그때부터 진지하게 자신이 좋아하는 것을 떠올려 보았다. 가만히 생각해보니 요리를 좋아한다는 사실을 발견하였다. 하지만 엄마는 그게 진짜 꿈인지 확인해봐야 하니 요리학원에 다니라고 했다. D는 여름방학 동안 요리학원에 다녔고 요리에 흥미와 재능이 있음을 발견하였다. 그렇게 D는 조리고등학교에 진학하게 되었고 열심히 공부하여 지금은 미국에 유학을 가 있는 상태이다.

D의 이야기처럼 아직 자신의 꿈과 소질을 발견하지 못했다 하더라도 너무 조급해할 필요는 없다. 사람은 시간이 다가오면 뭔가 영감이 떠오르는 특징이 있기 때문이다. 만약 고3까지 꿈과 소질을 발견하지 못했다 하더라도 결국 대학의 전공을 정하는 과정에서 차선으로라도 자신의 꿈과 소질에 가까운 학과를 선택하게 되어 있다. 물론 점수에 맞춰 자신의 꿈과 상관없는 전공과목을 선택하는 경우도 있지만 말이다.

꿈과 소질을 발견했는데 꿈과 소질이 서로 다른 경우도 있고 같은 경우도 있다. 꿈과 소질이 같은 경우 어렵지 않게 그 분야의 공부를 선택하면 된다.

그럼 꿈과 소질이 서로 다른 경우 어떻게 해야 할까? 여러분은 아직 어리기에 어느 것을 선택해도 괜찮다. 예를 들어 미술을 잘하지만 음악을 너무나 좋아한다면 음악을 전공으로 선택해야 인생에 후회가 없다. 하지만 음악에 소질이 없으므로 음악을 공부하는 과정에서 자신보다 실력이 뛰어난 친구들을 보면서 열등감을 느끼는 것은 당연히 받아들여야 한다. 만약 꿈이 정말 간절하다면 엄청난 노력을 통해 이 차이를 극복해나가겠지만 그렇지 않다면 이 정도에서 방향을 바꿀 수도 있다. 우리나라 대학에 편입제도가 있으니 이를 잘 활용하면 된다.

이런 시행착오를 겪기 싫다면 자신의 꿈은 뒤로 미루고 잘하는 것을 선택하면 시행착오를 줄일 수 있다. 결국 직업이라는 것은 잘 해낼 수 있어야 인정을 받는다. 소질을 선택하는 것은 현실적으로 좋은 방법이라 할 수 있다. 이 경우 자신의 꿈은 어떻게 할 것인가? 그것은 내 직업이 어느 정도 안정되었을 때 다시 도전해보면 된다. 주변에는 그런 사람들이 생각보다 많다.

전문가가 되기 위해 실력을 키워야 한다

분야를 선택했다면 이제 전문가가 되기 위해 실력을 키워야 한다. 어떻게 하면 실력을 키울 수 있을까? 실력을 키우기 위해서는 열심히 공부하는 방법밖에 다른 것이 없다. 일단 고등학생은 내가 원하는 분야의 학과를 가기 위해 열심히 공부해야 하고 대학생이 되었다면 이 분야의 이론을 익히기 위해 열심히 공부해야 한다. 만약 이론 공부가 더 필요하다면 대학원을 진학하여 공부할 수도 있다.

명심할 것은 대학이나 대학원까지의 공부는 이론 공부에 불과하다는 점이다. 이론 공부는 실력을 키우기 위한 공부에서 30퍼센트 정도밖에 비중을 차지하지 않는다. 나머지 70퍼센트는 어디에서 채워야 할까? 바로 실전 공부이다. 실제 현장에서 경험을 통하여 배우는 공부가 진짜 공부이기 때문에 사실상 실력은 이때 쌓이게 된다.

이론 공부가 실전 공부보다 뒤처지는 이유는 실전은 계속하여 발전하는데 이론은 그보다 과거에 있기 때문이다. 학교에서 배울 만큼 하나의 이론이 만들어지기 위해서는 오랜 시간이 걸리므로 그 이론은 지금 벌어지고 있는 현장에서 만들어진 이론이 아니라 그전의 현장에서 만들어진 이론이다. 이런 차이 때문에 학교에서 배운 이론이 실전에서는 먹히지 않을 수도 있다.

또 이론의 약점은 실전의 모든 것을 다 담을 수 없다는데 있다. 이론은 주로 책에 기록된 것을 배우는데 실전에는 책에 담을 수 없는 수많은 내용들이 있다. 이런 것들은 실전에 가서야 비로소 배울 수 있다. 이 때문에 진짜 실력은 실전 경험을 많이 할 때 얻어질 수 있다. 실전 경험의 중요성에 대하여 동양의 고전인 《장자》 천도 편에 다음과 같은 이야기가 전해진다.

제나라 관리가 책을 읽고 있었다. 그때 수레바퀴공인 윤편이란 사람이 관리에게 무엇을 읽고 있는지 물었다. 그러자 관리는 성인의 말씀이 담긴 책을 읽고 있다고 대답했다. 윤편은 그 성인이 지금 살아 있느냐고 물었다. 관리는 돌아가셨다고 대답했다. 그러자 윤편은 대뜸 "그렇다면 그 책은 성인의 찌꺼기에 불과합니다."라고 말하였다.

이에 관리는 기분이 매우 언짢아 "네가 그렇게 말한 합당한 이유를 대지 못하면 죽음을 면치 못할 것이다."라며 언성을 높였다. 그러자 윤편은 "저는 칠십 평생 수레바퀴를 깎고 있습니다. 그런데 수레바퀴를 깎을 때 조금만 잘못 깎아도 수레바퀴에 문제가 생깁니다. 수레바퀴를 정확하게 깎는 것은 미묘한 손짓작으로 터득하고 마음으로 느낄 뿐 이것을 말이나 글로 표현할 수가 없습니다. 이것은 오로지 수많은 경험을 통해서만 깨달을 수 있는 것입니다. 물론 그것을 수치로 표시할 수도 있겠지만 미묘한 차이가 있으므로 사실 이것도 정확한 것은 아닙니다. 역시 가장 중요한 것은 자신만의 느낌과 감이라 할 수 있는데 이건 글이나 말로 표현할 수가 없습니다. 그 성인도 저와 마찬가지였을 것입니다. 중요한 말씀을 기록했겠지만 가장 핵심적인 느낌과 감은 기록할 수 없었을 것입니다. 그래서 그 책이 성인의 찌꺼기에 불과하다고 말씀드린 것입니다."라고 답했다.

제나라 관리는 윤편의 말에 고개를 끄덕일 수밖에 없었다.

윤편의 이야기는 진짜 실력은 실전 경험을 통해서 얻을 수 있음을 보여준다. 제나라 관리가 책을 읽고 있는 것을 학교 공부에 비유한다면 윤편이 실제 수레바퀴를 깎은 경험은 실전 공부에 비유할 수 있다.

《김밥 파는 CEO》[•]란 책을 쓴 김승호 대표는 청년 사업가로 시작해 전 세계 3,878개 매장에서 1조 원의 매출을 올리는 성공가로 유명하다. 하지만 그도 처음부터 이러한 성공을 거둔 것이 아니라 수많은 실패를 통하여 쌓은 경험으로 실력을 키웠다. 그는 대학을 중퇴하고 미국으로 건너가 한국 식품점, 지역 신문사, 컴퓨터 조립회사, 주식 선물거래소, 유기농 식품점 등을 운영하였으나 모두 실패를 맛보았다. 하지만 그는 거듭되는 실패에도 좌절하지 않고 오히려 실력을 축적해나갔다. 결국 이러한 실력을 바탕으로 식당 체인점 사업에 뛰어들어 큰 성공을 거두었다.

십대가 학교 공부를 배우는 때라면, 이십대에는 실전 공부를 하는 시기로 삼는 것이 좋다. 좀 더 빠른 실전 공부를 하고 싶다면 대학 때부터 내 꿈이나 소질과 관련된 분야에서 아르바이트를 하는 것도 큰 도움이 된다. 실전 공부에는 인생 공부도 포함되는 것이므로 다른 분야에서 아르바이트를 하는 것도 실전 공부에 도움이 될 수 있다.

이십대에 직업을 구할 때 돈 벌기가 목적이 되고 좋은 직

[•] 김승호, 《김밥 파는 CEO》, 황금사과, 2011.

장 들어가는 것이 목표가 되면 회사에 들어간 다음 더 큰 성장을 기대하기 힘들다. 그저 직장에서 시킨 대로 하는 데 급급하게 되기 때문이다. 하지만 목표를 직장 구하기가 아니라 내 실력 키우기에 두면 이야기가 달라진다. 어느 곳에 가든지 내 실력 키우기가 목표가 되므로 열심히 배우게 된다. 따라서 내 실력은 나날이 향상되어 점점 더 나은 직장으로 이동하게 된다. 실력이 높아지면 그 윗 단계의 회사가 가만두지 않는 것이 기업의 생리이기 때문이다. 이렇게 하여 나는 점점 더 높은 곳을 향하여 나아가게 된다.

전문가를 넘어 실력자가 되어야 한다

앞에서 1인 기업이란 자신만의 전문성을 파는 기업이라 했다. 따라서 내가 1인 기업가가 되기 위해서는 대체 불가하거나 독보적인 상품(콘텐츠)을 개발할 능력이 필요하다. 그렇다면 어느 정도로 실력을 쌓아야 할까?

어떤 분야의 전문가란 '그 분야의 지식에 매우 정통하며 필요로 하는 기술까지 갖춘 사람'을 뜻한다. 분야에 따라 차이가 있겠지만 한 분야에서 10년 이상 일한 사람은 전문가란 소리를 들을 수 있다. 10년이란 기간만으로 그 사람의 전문성을 인정해줄 수 있기 때문이다. 하지만 이것은 시간만 적용한 것일 뿐 짧은 기간이라도 얼마나 집중하고 노력했느냐에 따라서 전문가가 되는 시간은 얼마든지 짧아질 수 있다. 하루 8시간씩 10년간 느슨하게 일한 사람보다 집중적으로 하루 16시간씩 3년간 일한 사람이 더 전문가적 실력을 갖출 수도 있기 때문이다.

즉 전문가가 되기 위해서는 시간보다 얼마나 실전 경험을 더 많이 했느냐가 중요하다. 덴마크의 물리학자 닐스 보어(Niels Bohr, 1885~1962)는 전문가란 "아주 좁은 범위에서 발생할 수 있는 모든 오류를 경험한 사람"이라고 했는데 이 정의에서 전문가를 이해하는 데 힌트를 얻을 수 있다.

예를 들어 컴퓨터가 고장이 나 동네 컴퓨터 가게를 들렀는데 어떤 가게는 고치는가 하면 어떤 가게는 고치지 못한다. 이러한 차이가 나타나는 이유는 전문성의 차이 때문이다. 즉 컴퓨터를 고쳤던 가게는 이미 그러한 오류를 고치는 경험을 해봤으므로 고칠 수 있었던 것이고, 고치지 못했던 가게는 아직 그런 오류를 경험해보지 못했기에 고치지 못했다.

실패에서 배운다는 말이 있다. 어떤 분야든 일하다 보면 배웠던 것과 달리 항상 변수가 발생하게 된다. 그런데 모든 경우에 대해 매뉴얼에 있는 것이 아니므로 처음에는 실패를 경험하게 된다. 하지만 사람은 실패를 통해 배우게 되므로 나중에는 어떠한 상황에서도 올바르게 해결하는 방법을 터득하게 된다. 그러면서 내 실력이 한 단계 올라가게 되는 것이다. 전문가란 수십 번에서 수백 번 경험한 사람이 다다를 수 있는 단계이다.

기억해야 할 것은 배운 대로만 해서는 절대 전문가 수준에 도달하기 힘들다는 사실이다. 문제가 있을 때 그 문제를 푸는 방법을 찾아야 하고 오류가 생길 때 그 오류를 해결하는 방법을 찾아야 한다. 따라서 수동적인 사람보다 능동적인 사람이 전문가의 자리에 더 빨리 오를 수 있다.

혼자 다 해결할 줄 알아야

1인 기업은 자기 혼자 꾸려나가는 기업이다. 기업이란 가게와 달리 매장이나 사무실만 차린다고 준비가 끝나는 것이 아니다. 생산, 판매, 재무, 서비스 등을 혼자 다 해결해야 한다. 이 모든 것을 혼자 할 수 있어야 비로소 1인 기업가가 될 수 있는 것이다. 따라서 이에 대한 준비도 해나가야 한다.

1인 기업가가 되기 위해 전문성을 갖추어야 한다고 했는데 이때 전문성은 기업의 요소 중 생산에만 해당되는 것이다. 제조업을 하는 사람에게는 생산하는 제품이고, 강의하는 사람에게는 강의 내용이며, 디자인을 하는 사람에게는 디자인 실력이 곧 생산에 해당한다. 하지만 기업이란 생산만 해서 운영되는 것이 아니기에 나머지 판매, 재무, 서비스 등에 대한 지식에 대해서도 어느 정도 공부를 해두어야 한다. 이 중 재무와 서비스는 핵심 요소가 아니므로 하는 방법 정도만 알아두어도 된다. 하지만 생산과 판매는 기업의 핵심적 요소이므로 반드시 전문가적 수준 또는 이에 준하는 실력을 갖추어야 성공 가능성이 높다. 만약 판매에 대한 지식 없이 제품이나 콘텐츠를 생산하는 데만 집중하는 사람은 프리랜서는 될지언정 1인 기업가는 될 수 없다. 곧 망하고 만다는 이야기다.

IT 회사에서 10년을 일하고 1인 기업을 세운 E씨는 그간의 전문성을 바탕으로 애플리케이션을 하나 만들었다. E씨가 만든 앱은 그가 자신이 근무했던 회사에서 개발해 성공을 거둔 앱과 견주어도 뒤지지 않을 정도의 수준이었다. 이 정도라면 무조건 조회수가 많이 오를 거라고 생각했지만 이상하게 조회수가 오르지 않았다. 사실 E씨는 프로그래머 출신으로 앱을 잘 만드는 데는 전문가였으나 마케팅에 대해서는 잘 몰랐다. 그러다 보니 홍보가 되지 않아 앱의 조회수가 잘 오르지 않는다는 사실을 알게 되었다.

IT 회사에서 마케팅 전문가로 일했던 F씨는 자기만의 일을 하고 싶어 1인 기업을 시작했다. 그는 소비자가 원하는 앱의 종류를 알고 있었기에 그 요구에 맞는 앱을 시기에 맞추어 만들었다. 앱 전문 프로그래머는 아니었기에 수준은 조금 떨어졌지만 트렌드와 맞았기 때문에 판매에는 자신이 있었다. F씨는 매우 공격적으로 마케팅을 했으며, 덕분에 앱 스토어에서 자신이 만든 앱을 상위권에 올리는 데 성공했다. 힘을 받은 F씨는 연이어 다음 앱을 출시했지만 이번에는 관심을 받지 못했다. 알고 보니 앱이 기능이 유사한 다른 앱과 비교해 이용자들의 만족도가 떨어진다는 말이 이곳저곳에서 들려왔다. F씨가 마케터 출신이다 보니 앱의 수준과 내용에 대해 잘 몰라 생긴 결과였다.

앞서 살펴본 예와 같이 우리는 1인 기업을 꿈꾸는 사람들이 준비해야 할 것이 비단 자신의 전문성만이 아니라는 사실을 알 수 있다. 안타깝게도 위 두 가지 예에 해당하는 1인 기업은 성장하지 못한 채 근근이 기업을 꾸려 나갈 수밖에 없다. 만약 E씨가 마케팅에 대한 공부를 하고 1인 기업을 시작했다면 결과는 달라질 수도 있었을 것이다. 시장에서 충분히 통할 수 있는 앱에 마케팅만 더해지면 성공 가능성이 올라가기 때문이다. 또한 F씨가 앱에 대한 공부를 하고 1인 기업을 시작했다면 크게 성공할 수 있었을지도 모른다. 왜냐하면 그가 마케팅 전문가이므로 좋은 앱만 뒷받침해준다면 얼마든지 장기적으로도 성공할 수 있을 것이기 때문이다.

안타까운 것은 나 혼자 생산뿐만 아니라 판매까지 모든 분야의 전문가가 될 수는 없다는 사실이다. 만약 이 모든 분야의 전문가가 될 수 있다면 그는 엄청난 능력의 소유자일 것이다. 하지만 간접적으로 이 모든 분야의 실력을 갖추는 방법이 있다.

첫 번째는 소규모 회사에 들어가 경험을 쌓는 방법이다. 규모가 작은 회사일수록 직원 한 사람이 담당하는 업무 영역이 넓다. 그리고 규모가 작기 때문에 내 업무 외 다른 분야도 어느 정도 어깨너머로 배울 수 있다. 예를 들어 내가 판매 전문가라면 생산도 어느 정도 배울 수 있고 더불어 재무, 서비스도 배울 수 있다. 생산 전문가라면 판매, 재무, 서비스를 배울 수 있다. 큰 회사는 이 모든 것이 분업화되어 있기에 수십 년을 근무해도 다른 분야는 배우기 어려운 단점이 있다.

두 번째는 네트워크를 통하여 해결하는 방법이다. 재무와 서비스는 어느 정도의 지식만 있어도 된다고 했으나 생산과 판매는 기업을 움직이는 핵심 요소이다. 따라서 이 두 분야는 반드시 실력을 갖추고 나서 기업을 시작해야 한다.

그러나 내가 생산 전문가라면 판매에 허점이 생기고 판매 전문가라면 생산에 허점이 생긴다. 나 혼자 이 둘을 모두 갖추기 힘들다면 네트워크를 이용하는 방법이 가장 좋다. 네트워크를 이용한 방법이란 나 혼자 모든 것을 하는 게 아니라 상대의 전문성을 이용하는 것이다.

예를 들어 생산 전문가인 내가 판매에는 자신이 없으므로 판매 전문가와 계약을 맺는 것이다. 이때 계약 조건을 서로 간의 수익 배분으로 하면 따로 비용이 들어가지 않아도 되니 좋다. 이를 위해 1인 기업을 세우기 전부터 상대와 관계를 형성하는 것이 필요하다. 생산 전문가는 판매 전문가와 관계를 맺고, 판매 전문가는 생산 전문가와 관계를 맺는 식이다.

어쨌든 1인 기업은 이러한 생산과 판매의 전문성이 준비되었을 때 비로소 시작할 수 있다. 재무와 서비스 등에 관한 공부도 미리 해두어야 한다. 다행히 〈1인 창조기업 육성에 관한 법률〉에 따라 이 모든 것을 나라에서 지원해주는 제도가 있으니 그곳의 문을 두드리는 것도 좋은 방법이다.

1인 기업가 마인드는 무엇일까

위에서 말한 모든 것이 준비되었다면 1인 기업을 시작해도 좋다. 하지만 마지막으로 꼭 점검해야 할 것이 있으니 바로 1인 기업가 마인드이다. 1인 기업을 준비하는 많은 사람이 여기에서 무너지는 경우가 많으므로 이 부분을 꼭 점검하여 철저히 준비해야 한다.

우리나라에는 '체면 문화'라는 게 있다. 우리나라의 독특한 정신 문화인데 바로 남의 눈치를 보는 것이다. 나도 남이 하는 것처럼 해야 체면이 구기지 않는다. 그러다 보니 고등학교까지는 그나마 괜찮은데 대학부터 체면 문화가 강하게 힘을 발휘한다. 이름 있는 대학 정도를 가야 어느 대학에 다닌다 말할 수 있고 나머지 대학에 가는 경우 이름조차 잘 대려 하지 않는다. 졸업 후에는 번듯한 직장에 들어가야 체면이 사는데 이때도 번듯한 직장에 들어가지 못할 경우 회사 이름 말하기를 꺼린다. 그래도 여기까지는 괜찮다. 경제 상황이 어려운 시기에 취직을 하기도 쉽지 않기 때문이다.

그런데 만약 젊은이가 처음부터 장사나 1인 기업을 한다고 하면 그때부터 보는 시선이 달라진다. 모험이나 새로운 시도를 하기보다 안정성을 추구하는 사회 분위기에서 장사를 하거나 사업을 한다는 것은 일정한 수입이 들어오지 않거나 또는 망할 수도 있음을 의미하기 때문이다. 이상하게 장사나 1인 기업을 하면 직장인보다 더 크게 성공할 수있다는 생각은 잘 하지 않는 문화가 있다. 그러다 보니 1인 기업을 한다고 할 때는 이런 따가운 시선 또는 걱정 어린 시선을 만나게 된다. 만약 자신의 마인드가 이런 시선을 이겨낼 수 없다면 절대 1인 기업을 시작하지 말아야 한다. 이런 마인드로 1인 기업을 한다고 해도 성장하기 힘들기 때문이다.

1인 기업을 시작하기 전에 또 하나 알아두어야 할 것은 직장인과 달리 일정한 수입이 들어오지 않을 수도 있다는 점이다. 직장인은 매달 일정한 수입이 들어와 계획적인 생활을 할 수 있다. 하지만 1인 기업은 다르다. 수입이 들쭉날쭉할 수도 있고 때로는 경제적 어려움에 처할 수도 있기 때문이다.

G씨는 지난 10년간의 IT 회사 근무 경험을 바탕으로 자기 사업을 하기 위해 1인 기업을 세웠다. 주로 하는 일은 홈페이지 제작이었다. 처음에는 주문을 많이 받아 월 수익이 회사에서 일할 때 월급의 2배가 넘었다. 다음 달은 3배가 넘기도 해 갑자기 우쭐한 마음이 들기도 했다. 하지만 1년이 지나고 연봉으로 계산해보니 수입이 직장에 다닐 때보다 훨씬 못 미친다는 사실을 알게 되었다. 많이 버는 달도 있었지만 아예 일이 하나도 없어 노는 달도 있었기 때문이었다. 최근 새로운 일이 들어오지 않아 G씨는 불안을 느끼며 다시 회사에 들어갈까,

고민 중이다.

1인 기업을 시작한 사람 모두가 그렇지는 않겠지만 많은 경우 G씨와 같은 경험을 한다. 그리고 G씨처럼 갑자기 자신감이 떨어져 다시 회사생활로 돌아가려는 생각에 사로잡힌다. 모든 것이 경제적 이유 때문이다. 게다가 사업하는 사람 중에 망했다는 이야기가 이곳저곳에서 너무 많이 들린다.

1인 기업을 하려면 경제적 문제도 뛰어넘을 수 있는 마인드가 있어야 한다. 기업이란 처음에는 투자를 해야 하기에 수입보다 지출이 많을 수밖에 없다. 그리고 무슨 일이든 자리를 잡는 데는 시간이 걸리기 때문에 처음 1~3년간은 내가 원하는 수입만큼 들어오지 않을 수도 있다는 사실을 각오하고 있어야 한다.

그렇다면 어떻게 해야 경제적 문제까지 뛰어넘는 마인드를 가질 수 있을까? 그것은 간단하다. 1인 기업을 하는 첫 번째 목적을 자아실현에 두고, 수익을 두 번째로 두는 것이다. 그래야 돈 때문에 흔들리지 않을 수 있다. 내 꿈이 계속 사업을 이끌어가는 원동력이 되기 때문이다.

그럼에도 불구하고 만약 집안 사정상 돈을 꼭 벌어야 하는 상황이라면 1인 기업을 하는 초기에 일정한 수입이 들어오는 구조를 만들어두는 것도 방법이 될 수 있다. 예를 들어 요즘 우리나라에도 투잡, 심지어 쓰리잡 개념까지 일 반화되어 있는데 이를 활용하는 방법을 들 수 있다.

1인 기업을 시작했는데 초기에 아직 수입이 별로 없다면 남는 시간을 이용하여 아르바이트를 하므로 수입이 들어오는 구조를 만들어야 한다. 이렇게 하여 일정한 수입이 들어오면 경제적 문제에 휘둘리지 않고 1인 기업을 이끌어갈 수 있게 된다.

H씨는 박사학위와 자기계발서를 쓴 경험을 바탕으로 1인 기업 강연가로 일하기 시작했다. 하지만 아직 이름이 덜 알려져 초기에는 강연 요청이 그렇게 많이 들어오지 않았다. H씨는 갓 결혼한 신혼부부였고 아내는 가정주부였기에 일정한 수입이 필요한 상황이었다. 이에 H씨는 저녁 시간과 주말 시간을 활용하여 논술강사 일을 함께 진행하였다. 다행히 제법 규모가 있는 학원에 논술강사로 취직이 되어 두 가지 일을 병행하게 되었다. 시간적 제한이 있으므로 수입이 아주 많지는 않았지만 아내에게 일정한 생활비를 줄 수가 있어 H씨는 경제적 부담 없이 1인 기업 강연 일을 진행해 나갈 수 있었다.

만약 내가 경제적 문제를 버틸 마인드가 부족하다면 H

씨와 같이 투잡을 생각해볼 수도 있다. 하지만 이 경우 주의해야 할 것이 1인 기업에 투자하는 시간과 다른 일에 투자하는 시간 배분을 잘해야 한다는 점이다. 정확히 알아야 할 것은 주업은 1인 기업이고, 부업이 아르바이트가 되어야 한다는 점이다. 만약 돈 버는 데 집중한 나머지 아르바이트에 많은 시간을 투자하면 1인 기업은 흐지부지되어 성장할 가능성이 거의 없어지므로 주의해야 한다. 이런 일에 익숙해지기 위해 학생 때 아르바이트를 많이 해두면 도움이 될 수 있다.

1인 기업가가 되는
구체적 방법

1인 기업을 설립하는 실무 총정리

1인 기업을 위한 전문 지식과 마인드까지 갖추었다면 이제 실제 1인 기업을 세우는 방법에 대해 알아보도록 하자.

1인 기업을 하기 위한 자질을 갖추었다 하더라도 기업을 하기 위해서는 일할 장소가 있어야 하고 비품을 갖추어야 하며, 무엇보다 1인 기업이기 때문에 홍보를 위한 온라인 마케팅 시스템을 갖추어야 한다. 또 프리랜서와 달리 1인 기업은 나라에서 1인 기업으로 인정받는 법적 절차도 밟아야 한다. 이때 세무서에 가서 사업자등록증을 내는 것이 필수이다. 개인사업자를 낼 수도 있고, 법인사업자를 낼 수도 있다. 그밖에 자기 분야의 사업자등록을 따로 내야 하는 경우도 있다.

예를 들어 1인 출판사를 할 경우 출판사등록증을 내야 하고 인터넷 쇼핑몰 사업을 하는 경우 통신판매업 신고를 해야 한다.

1인 기업, 어디에서 일할까?

먼저 일할 장소에 대해 알아보자. 1인 기업이 아니더라도 어떤 일을 하기 위해서는 반드시 일할 장소가 필요하다. 직장인은 회사에서, 상인은 점포에서 일하며 사업가는 사무실에서 일한다. 1인 기업가는 사무실을 얻는 것이 일반적이다.

사무실을 얻기 위해서는 대개 부동산 광고를 이용하게 되는데 사무실 부동산 광고만 따로 하는 곳이 있다. 그런 광고들을 모아두는 애플리케이션이나 홈페이지를 이용하여 찾아보고, 여기에서 마음에 드는 사무실을 못 구할 경우 네이버 부동산과 같은 종합 부동산 중개 사이트에서 자신의 조건에 맞는 사무실을 찾아볼 수 있다.

만약 1인 기업을 시작하는데 초기 사무실 비용을 줄이고 싶다면 공유사무실이나 쉐어오피스의 문을 두드려보는 것도 좋은 방법이다. 공유사무실이란 넓은 사무실을 여럿이 나누어 사용하는 개념으로 탄생한 신개념 사무실이다. 대개 칸막이로 구분된 자기만의 방을 쓰면서 나머지 사무실

집기나 회의실 같은 공간을 공유해서 사용하게 된다. 공유 사무실의 경우 단독 사무실을 얻는 것보다 크게 50~80퍼센트까지 사무실 비용을 줄일 수 있다.

이 밖에 1인 창조기업에 등록하면 1인 창조기업 지원센터에 입주하여 사무실을 얻는 방법이 있다. 자기가 원하는 지역에 1인 창조기업 지원센터가 있는지 알아보고 그곳의 조건에 맞는다면 1인 창조기업 지원센터에서 사무실을 얻을 수 있다. 1인 창조기업 지원센터는 지역에 따라 무료로 사무실을 임대해주는 곳도 있고 주변 시세보다 싼 임대료로 지원해주는 곳도 있다.

만약 내가 하는 일이 집에서도 할 수 있는 일이고 집에 일할 수 있는 공간이 있다면 사무실을 얻는 대신 집에서 일하는 것도 좋은 방법이다. 이 경우 사무실 비용을 대폭 줄일 수 있어 가장 좋은 대안이 될 수 있다. 사무실을 왔다 갔다 하는 시간을 줄일 수 있을 뿐만 아니라 시간 사용도 자유롭다는 장점이 있다. 코로나19로 인해 재택근무가 보편화되고 있는데 1인 기업이야말로 재택근무로 일할 수 있는 적합한 직업 중 하나이기도 하다. 단, 집을 사무실 대용으로 이용할 경우 반드시 사무실로 이용할 수 있는 공간이나 방이 별도로 있어야 한다. 그렇지 않으면 어수선한 분위기로 인해 업무 효율성이 떨어질 수 있기 때문이다.

1인 기업이 개인사업자를 내는 방법

대한민국에서 1인 기업을 하기 위해서는 반드시 사업자 등록을 해야 한다. 국가에서 사업자등록을 요구하는 가장 큰 이유는 세금 때문이다. 사업자에 해당하는 세금이 부가 가치세라는 것인데 이는 거래금액의 10퍼센트를 세금으로 내는 제도이다. 예를 들어 내가 사업을 하여 100만 원의 매출을 올렸다면 10만 원을 세금으로 내야 하는 것이 부가가 치세 제도이다.

이 이야기를 처음 듣는 사람은 세금이 높다고 당황할 수 도 있다. 그렇게 세금을 내고 어떻게 사업을 할 수 있을까 걱정이 되기도 할 것이다. 다행히 이런 문제를 해결하기 위 해 정부에서는 사업자등록을 간이사업자와 일반사업자로 구분하고 있다. 즉 일반사업자만 부가가치세를 내게 하고 간이사업자는 부가가치세를 내지 않아도 되도록 허용하는 제도다. 이러한 간이사업자는 사업을 처음 시작하려는 초 보 사업자들을 배려하기 위한 제도로 연 매출 8천만 원 이 하일 때에만 계속할 수 있다. 만약 연 매출이 8천만 원을 넘어가면 일반사업자로 바꿔야 한다.

이러한 사업자등록을 하기 위해서는 사업 분야별로 필 요한 서류를 준비하여 해당 세무서로 가서 신고하면 곧바 로 사업자등록증을 발급받을 수 있다. 또는 국세청 홈택스

(www.hometax.go.kr)에서 온라인으로 사업자등록을 하는 방법도 있다. 인터넷 검색창에서 홈택스 사업자등록을 치면 자세한 방법이 나온다.

법인사업자를 내야 할 경우도 있다

사업자등록은 크게 개인사업자와 법인사업자로 구분할 수 있다. 여기서 법인이란 사람처럼 법률상으로 권리와 의무의 주체가 되는 조직을 뜻한다.

개인사업자는 말 그대로 내가 회사 대표로서 회사와 개인이 나누어지지 않는 사업자이다. 즉 사업으로 들어오는 돈은 모두 내 것이 되며 내 마음대로 써도 된다. 하지만 법인사업자는 비록 내가 세우고 내가 대표라 하더라도 나와 회사가 구분되는 사업자이다. 따라서 회사가 벌어들인 돈은 회사의 것이지 대표 개인 것이 아니므로 함부로 쓸 수 없다. 대신 법인사업자가 되면 은행에서 돈을 빌리기에도 유리하고 투자를 받기에도 유리하다. 또 세금 면에서도 유리한데 법인 소득세율이 10~25퍼센트로, 개인 소득세율 6~42퍼센트보다 낮다.

이런 점 때문에 만약 내가 사업 규모를 확장하고 싶다면 개인사업자보다는 법인사업자를 내는 것이 유리하다. 법인사업자를 내려면 사업자등록을 하기 전에 먼저 법인 설립등기를 내야 하는데 인터넷 검색창에 '셀프법인등기'를 치면 '대한민국 법원 인터넷등기소(www.iros.go.kr)' 사이트가 나온다. 이곳에 로그인하여 순서대로 따라 하면 법인설립등기를 받을 수 있다. 이때 수십만 원의 수수료를 내야 하므로 미리 준비해야 한다. 법인설립등기가 완성되면 주식회사설립등기신청 서류가 뜬다. 이러한 법인 등기부 등본을 발급받아 나머지 서류와 함께 세무서에 제출하면 법인 사업자등록증을 발급받을 수 있다.

1인 기업의 마케팅을 시작하는 방법

기업의 승패 여부는 마케팅에 있다고 해도 과언이 아니다. 아무리 제품이나 콘텐츠가 뛰어나도 홍보가 되지 않으면 수익을 창출할 수가 없기 때문이다. 따라서 기업이 실패하는 이유는 마케팅에서 실패했기 때문이라고 볼 수 있다.

마케팅이란 제품 판매와 관련된 모든 행위를 포함하는 말이다. 단지 제품을 파는 것을 뜻하는 영업과 비슷해 보이지만 영업보다 더 넓은 뜻을 담고 있다. 즉, 마케팅은 소비자에게 제품을 잘 팔기 위해 소비자의 필요에 맞게 제품을 기획하는 일부터 대상 고객층을 파악하여 광고하는 일, 나아가 홍보하고 판매하는 일, 그리고 판매 후 서비스까지 넓은 의미를 모두 포함한다. 이러한 마케팅이 잘 되었을 때

기업의 제품은 잘 팔리게 되고 매출이 올라가 성공 가도를 달리게 된다. 따라서 1인 기업을 시작할 때 반드시 마케팅도 함께 준비해야 한다. 많은 1인 기업이 만들어지고 있으나 성공하는 기업이 적은 까닭이 마케팅의 중요성을 잘 알지 못한 채 1인 기업에 뛰어들기 때문이다.

그렇다면 1인 기업은 마케팅 준비를 어떻게 해야 할까? 과거에는 기업과 제품을 알리기 위해 온라인 공간에 홈페이지, 카페, 블로그 등을 만들거나 네이버와 같은 종합포털 사이트에 광고를 하는 정도가 대부분이었다. 하지만 최근에는 유튜브나 틱톡, 페이스북, 인스타그램 등이 대세로 떠오르면서 상품 특성에 최적화된 채널에 노출하는 것이 중요해졌다.

하지만 1인 기업의 경우 광고비로 큰 지출을 하기가 어려우므로 최소한의 경비로 마케팅할 수 있는 방법을 찾아야 한다. 만약 마케팅에 대한 지식이 거의 없는 1인 기업가라면 먼저 마케팅 교육부터 받는 것이 중요하다. 1인 창조기업에 선정될 경우 마케팅 교육을 무료로 받을 수 있을 뿐만 아니라 마케팅과 관련된 여러 사업을 지원받을 수 있다.

지금은 SNS 마케팅, 온라인 마케팅이 대세이다. 이와 관련된 교육을 받은 다음 기업 내 마케팅 시스템을 만드는 것이 중요하다. 만약 1인 기업가임에도 불구하고 스스로 마케팅에 자신이 없다면 마케팅 전문가와 서로 간에 수익 분배를 바탕으로 협업을 맺는 것도 생각해볼 수 있다. 인터넷 검색어에 '1인 마케터 프리랜서' 또는 '디지털 마케팅 프리랜서' 등을 검색하면 협업할 수 있는 마케터를 어렵지 않게 찾아낼 수 있을 것이다.

1인 기업 설립,
따라해보기

1인 기업의 콘텐츠가 준비되어 있어야 한다

다음은 J씨가 1인 미디어를 준비하고 실제 사업을 진행해 나가는 과정의 이야기다. 이를 통해 1인 기업을 만들고 꾸려나가는 실제 예를 살펴보도록 하자.

J씨는 방송국에서 어린이 프로그램 영상 편집자로 7년을 일했다. 30대 중반이 되었을 때, J씨는 독립을 꿈꾸고 1인 미디어 아이템으로 1인 기업을 세우기로 마음먹었다. 아직 결혼하지 않았으므로 경제적 부담은 크게 없는 상황이었다. J씨는 1인 미디어로 성공하려면 경쟁력 있고 차별화된 자신만의 아이템이 있어야 한다는 선배들의 말을 듣고, 회사에 다닐 때부터 차근차근 준비를 해나갔다.

J씨가 기획한 내용은 '그림으로 어린이의 인성을 키워주는 영상'이었다. J씨는 긍정적인 주변 반응에 힘입어 본격적으로 1인 기업 설립에 들어갔다. J씨가 생각한 1인 미디어 이름은 '인성튜브'였다.

사무실과 사업자등록 준비하기

우선 창업 자금이 절대 부족했으므로 1인 창조기업에 신청하여 창조기업센터에 입주해 업무 공간을 마련했다. J씨가 임대차 계약서를 쓰고 배정받은 사무실은 2평 남짓 매우 좁은 공간이었지만 회의실과 휴게실을 공용으로 쓸 수 있어 초기 사무실로 쓰기에는 안성맞춤이었다. 게다가 복사기 등 사무실 집기도 무료로 쓸 수 있어 고정비용을 많이 아낄 수 있었다.

J씨는 1인 미디어 기업을 하기 위해서는 사업자등록을 해야 한다는 사실을 알게 되었다. 이에 사업자등록을 하기 위해 세무서를 찾았다. 사업자등록을 하려면 과세 사업자로 할지, 면세 사업자로 할지 결정을 해야 했다. 그 기준을 들어보니 사무실을 갖추고 일정한 수익이 발생할 것이라면 과세 사업자로 신고하는 게 낫고, 사무실 없이 집에서 하고 수입도 일정하지 않을 경우 면세 사업자로 신고해도 된다는 이야기를 들었다. 무엇보다 과세 사업자로 신고할 경

우 부가세를 내야 한다. 부가세란 매출 금액의 10퍼센트를 세금으로 내는 제도이다. 면세 사업자는 부가세를 내지 않아도 되지만 사업장 신고는 해야 한다. 물론 면세 사업자라 하더라도 기준 이상으로 일정한 수입이 계속하여 발생할 경우 과세 사업자로 전환해야 한다. J씨는 고민 끝에 아직 일정한 수입을 기대하기 힘들므로 면세 사업자로 사업자등록을 했다.

마케팅이 핵심이다

미디어 분야는 보통 영상이 나와야 본격적인 마케팅을 할 수 있다. 따라서 J씨는 사무실에 틀어박혀 오로지 영상 만드는 일에만 매달렸다. 그의 첫 영상은 '내 아이 그림 인성개발 시리즈'였다. 첫 영상이 어느 정도 완성되어 갈 무렵 J씨는 서서히 마케팅에도 신경을 써야 했다.

영상 마케팅에 있어 요즘 가장 중요한 채널이 유튜브다. 유뷰트에서 성공하면 나머지 SNS 마케팅은 자연스럽게 이루어지기 때문이다. 하지만 무조건 유튜브에 영상을 올린다고 조회수가 바로 오르는 것은 아니다. 하루에도 셀 수 없을 정도로 많은 영상이 올라오기 때문이다. 그래서 필요한 것이 마케팅이다. J씨는 과거 방송국에서 일할 때 종합 포털 광고 등으로도 큰 효과를 보지 못했던 기억이 떠올랐다.

J씨는 먼저 유튜브에 집중하기로 방향을 정했다. J씨는 가장 먼저 아동교육 관련 인기 유튜브에 들어가 댓글을 달며 마케팅에 시동을 걸었다. 그리고 댓글을 통하여 인기 유튜버들과 서로 소통하며 알아낸 주소로 자신의 영상을 일제히 돌리는 수고도 마다하지 않았다. 그런 가운데 운이 좋게도 가장 구독자 수가 많은 인기 유튜버가 J씨의 영상에 관심을 보이고 출연을 제안했다. J씨는 그 유튜브 방송에 나가 자신의 영상을 열심히 소개하였다. 그것 때문이었을까? J씨의 영상은 갑자기 조회수가 오르면서 사람들의 주목을 받게 되었다. 그리고 불과 3주 만에 10만 조회수를 넘는 기염을 토했다. 이렇게 하여 J씨는 1인 기업 첫 도전에 대성공을 거둘 수 있었다.

[나도 1인 기업가]
생활 속 발명으로 1인 기업을 성공시키다!

우리가 일상생활을 하다 보면 갑자기 불편함을 느낄 때가 있다. 그때 대부분은 그냥 불편함을 감수하며 지나가지만 어떤 사람은 그 불편함을 고치기 위한 아이디어를 떠올리기도 한다. 생활 속 발명은 이렇게 탄생하는 법이다. 발명왕 에디슨이 발명한 발명품들이 대부분 이렇게 탄생했다. 생활 속에서 아이디어를 찾아 상품을 개발한 정은경 씨도 에디슨 같은 기질이 있던 사람이었다.

정은경 씨는 직업을 갖기 원했으나 가정을 돌보며 병행할 수 있는 일은 생각보다 구하기 어려웠다. 그러던 중 1인 창조기업에 관심을 가지게 되었다. 평소 이런저런 아이디어를 떠올리던 것을 상품으로 개발하면 1인 기업을 할 수도 있겠다는 생각이 들었다.

정은경 씨는 여성 생활발명가들의 사업을 지원하는 프로젝트인 '생활발명코리아'에 문을 두드렸다. 그리고 '창업진흥원'을 통하여 사무실 임대부터 마케팅, 유통, 수출 지원까지 도움을 받아 '리빙스텝'이라는 1인 기업을 탄생시켰다.

정은경 씨가 주력으로 개발한 상품은 붙이는 것만으로도 쉽게 곰팡이를 제거할 수 있는 청소용 매직시트이다. 정은경 씨는 평소 욕실과 베란다를 청소하면서 일일이 세제를 적신 휴지를 뭉쳐 곳곳에 붙여두고 팔이 아플 정도로 문지르면서 '힘들이지 않고 좀 더 쉽게 청소할 수 있는 방법이 없을까?'라는 생각을 자주 했다. 거기에 착안해 탄생한 것이 매직시트였다.

평범한 가정주부였던 그는 평소 생활하면서 불편한 상황이 생기면 그것을 개선할 만한 아이디어를 떠올리곤 했다. 정은경 씨는 어느 순간부터 그렇게 떠오른 아이디어를 메모하기 시작했으며 이 메모는 점차 상품 개발로 발전하였다. 정은경 씨는 메모하는 습관이 매직시트를 발명하는 밑거름이 되었다고 이야기한다.

정은경 씨는 처음에 천만 원 정도로 사업을 시작하여 불과 몇 년 만에 수억 원의 매출을 올리는 1인 기업가가 되었다. 이처럼 1인 기업의 아이디어는 멀리 있지 않다. 자신과 가장 가깝고 친밀한 것, 자신이 가장 잘할 수 있는 것으로 시작해볼 수 있다.

* 출처: 전규열 기자, 〈욕실 청소하다 아이디어 반짝… 1인 창업 성공한 주부〉, 중앙일보, 2018. 9. 30.

3장
1인 기업가로
성공하려면?

돈과 시간에서
자유로운 1인 기업가

어떻게 돈과 시간에서 자유로울 수 있을까?

1인 기업가는 안정기에 들어서면 돈과 시간에서 자유롭다.《돈과 시간에서 자유로운 인생 1인 기업》[*]을 쓴 이승준 대표는 자신이 바로 그 주인공이라고 이야기한다. 그가 어떤 과정을 거쳐 돈과 시간에서 자유로운 1인 기업의 주인공이 될 수 있었는지 이야기를 들어보자.

이승준 대표는 일찍이 돈과 시간에서 자유로운 인생을 꿈꾸었다. 그러려면 먼저 돈을 벌어야 한다는 생각에 영업

---

[*] 이승은, 유지은 공저,《돈과 시간에서 자유로운 인생 1인 기업》, 나비의활주로, 2016.

에 뛰어들었으며 각종 사업을 펼치기도 했다. 하지만 그는 다섯 번에 걸쳐 커다란 실패를 맛보고 큰 좌절에 빠졌다. 그런 그가 '이번이 마지막이다.'라고 생각하고 뛰어든 사업은 1인 기업이었다.

그가 생각한 분야는 노마드 비즈니스, 쉽게 말해 온라인 비즈니스로 수익을 만들어내는 사업이다. 그는 무려 11개의 온라인 커뮤니티 카페를 운영하며 116만 회원을 보유한 1인 기업가로 우뚝 섰다. 예를 들어, '안양 군포 의왕 맘카페', '남양 구리 중랑구 맘카페', '엄마&아빠의 태교 육아 정보 공유 카페' 등 온라인 커뮤니티를 운영하고 있다.

그는 이 많은 카페와 회원들을 상대로 온라인 마케팅 전문가로서 강의와 컨설팅을 병행하며 막대한 수입을 얻고 있다. 그리고 이를 기반으로 그 자신이 돈과 시간에서 자유로운 인생을 즐기며 살고 있다. 뿐만 아니라 1인 기업가들의 공부방인 온라인 카페 '일기공'을 통하여 1인 기업으로 시작하여 돈과 시간에서 자유로운 사업으로 성공시키는 노하우를 멘토링하며 실제 돈과 시간에서 자유로운 인생이 된 수많은 1인 기업가를 배출하고 있다.

수익을 만들어내는 시스템이 핵심이다

위에서 예로 든 이승준 대표가 많은 돈을 벌었으니 돈에서 자유로운 건 이해할 수 있을 것이다. 그렇다면 어떻게 시간에서도 자유로울 수 있었을까? 그 비밀은 바로 '시스템이 일하게 하는 데' 있다. 대개 1인 기업을 한다고 하면 모든 일을 그 자신이 해야 한다고 생각한다. 하지만 수익을 만들어내는 시스템을 만들어놓으면 굳이 자신이 시간을 들여 일하지 않아도 시스템이 돌아가면서 수익은 자연히 만들어진다.

예를 들어 이승준 대표가 인터넷 카페를 무려 11개 운영하고 있는데 만약 이승준 대표 자신이 이 모든 카페를 관리해야 한다면 손이 열 개라도 모자랄 것이다. 절대 시간에서 자유로울 수 없는 구조다. 하지만 멘토링을 통하여 온라인 카페마다 자신을 대신할 수 있는 사람을 두면 이야기가 달라진다. 이들을 각 카페 장으로 세워 그들로 하여금 카페를 관리하게 하면 굳이 이승준 대표가 일일이 카페를 관리할 필요가 없다. 그리고 이승준 대표가 없어도 카페는 시스템으로 돌아가면서 계속하여 수익이 발생한다.

이 원리는 파이프라인 에피소드로 더 쉽게 이해할 수 있다. 아프리카 마을 주민들은 늘 수 킬로미터나 떨어진 강에 가서 물을 길어와 식수로 사용하곤 했다. 무거운 물을 수 킬로미터나 떨어진 곳까지 날라야 했기 때문에 마을의 힘센 청년 두 사람이 이 일에 동원되고 있었다. 그러던 어느 날 청년 두 사람이 사냥을 하다 크게 다쳤다. 물을 길으러 갈 사람이 없어 마을 여성 세 명이 이 일을 대신하게 되었으며 그날 물을 길어온 세 사람은 녹초가 되고 말았다. 그 사이 정부에서 이 마을을 개발한다며 파이프라인 공사를 시작했다. 강에서 마을까지 파이프라인을 놓자 이제 더는 마을 주민들이 힘들게 물을 길어 나르지 않아도 되었다.

위의 파이프라인 에피소드는 시스템의 중요성을 잘 보여준다. 물을 돈으로 바꾸기만 하면 된다. 내가 일하지 않아도 돈이 벌리는 파이프라인 같은 시스템을 만들면 내가 집에 있어도, 또는 여행을 가 있어도 시스템은 돌아가므로 계속하여 수입이 들어온다.

이와 비슷한 경우로 인세 수입을 예로 들 수 있다. 인세 수입은 쉽게 말해 저작권료를 뜻한다. 책을 쓰는 작가나 작곡가 등에게 전체 수익을 계약 조건에 따라 일정 비율로 나누는 방식으로 이루어진다. 이때 작가나 작곡가는 처음 작품을 만들 때만 고생하고 나면 나머지는 판매 시스템에 의해 수익이 만들어지므로 판매를 위한 일을 따로 하지 않아도 된다. 굳이 일한다면 팬 사인회나 팬 미팅 정도가 될 것이다. 나머지 시간을 자유롭게 보내고 있으면 그 사이 계속해서 작품이 팔려나가 수익이 쌓인다. 따라서 이 역시 시스템에 의해 수익이 발생하는 구조라 할 수 있다.

1인 기업의 최종 목표를 '돈과 시간의 자유'에 둔다면 이러한 수익 시스템을 만드는 것이 무엇보다 중요하다.

시간에서 자유로운 어느 1인 기업가의 하루

1인 기업가가 돈과 시간에서 자유롭다고 하니 도대체 그들은 하루를 어떻게 보낼지 궁금해하는 사람들이 많을 것 같다. 사실 직장인이나 종업원은 하루의 대부분을 일터에서 보내므로 여가 시간이 많지 않다. 반면 1인 기업가는 하루 24시간을 자신이 원하는 대로 쓸 수 있다. 그들은 도대체 어떻게 하루를 보내며 어떻게 돈을 버는 걸까?

다음은 자기계발 강의를 하며 1인 지식기업가로 일하고 있는 K씨의 하루 일과이다.

K씨는 새벽 5~6시면 눈을 뜬다. 과거 직장 다닐 때는 꿈도 못 꾸던 기상 시간이다. K씨는 1인 기업을 세우기로 굳게 마음먹었다. 아침형 인간이 성공한다는 책을 읽고 자신의 생활 습관을 바꾸기로 결심했다. 과거 직장 다닐 때는 새벽 2~3시까지 딴짓하며 시간을 보내다 아침 7~8시까지 늦잠을 자 회사에 아슬아슬하게 출근 시각을 맞추거나 지각하기 일쑤였다. 하지만 3개월여에 걸쳐 습관을 바꾸었고, 지금은 누가 깨우지 않아도 5시가 되면 저절로 눈이 떠

진다.

K씨의 꿈은 자기계발 강사가 되는 것이었다. 그래서 많은 사람을 성공으로 이끌어주는 일을 하고 싶었다. 그래서 직장에 다니면서도 자기계발 관련 책을 수백 권 탐독하고 이와 관련된 독서 모임에도 나가며 꾸준히 실력을 쌓았다. 그리고 때가 되었다고 느꼈을 때 과감히 사표를 내고 1인 기업을 설립하여 지금 1인 기업가로 일하고 있다.

K씨가 일어나서 가장 먼저 하는 일은 모닝커피를 마시는 것이다. 커피 머신으로 아메리카노를 내린 다음 그윽한 커피 향을 맡으며 한 모금 음미하면 저절로 부스스한 눈이 떠지고 정신이 맑아진다. K씨는 안방을 사무 공간으로 쓴다. 책상에 앉아 하루 일정을 확인하고 계획한다. 그리고 식구들이 일어날 때까지 업무를 본다. K씨의 주 업무는 각 기업이나 단체에서 자기계발 강의를 하는 것이다. K씨는 또한 멘토링 사업을 통하여 자신의 강의안으로 다른 사람도 일정 기간 공부하면 자신과 같은 강의를 할 수 있는 시스템을 만들었다. K씨는 멘토링 교육과 이에 따른 교재 판매로 부수입을 올리고 있다. K씨가 새벽 이른 시간에 한 일은 바로 이 강의안을 만들고 검토하는 일이다.

오늘은 오후에 집 가까운 곳에서 1시간짜리 강의가 있는 날이라 오전 시간이 자유롭다. 참고로 현재 K씨는 한달에 10일 정도 강의가 잡혀 있으며 이로 인한 수입은 직장인 평균 연봉보다 훨씬 높다. K씨의 아내는 직장인이기 때문에 정해진 시간에 일찍 출근해야 한다. 그래서 오늘은 K씨가 식사부터 아이들까지 맡기로 했다.

평소 요리를 좋아하고 잘하는 K씨는 익숙한 솜씨로 아침을 준비하고 가족들을 깨워 아침을 먹인다. 아내가 먼저 집을 나서면 큰딸과 작은딸을 챙겨 학교와 유치원에 보내고 돌아온다. 이렇게 아침에 가족 챙기는 일을 마쳐봐야 고작 9시 정도밖에 안 된다. K씨는 평소 취미인 기타를 꺼내어 혼자 좋아하는 노래를 마음껏 부른다. 다음으로 소파에 파묻혀 유튜브 서핑을 한다. 요즘 K씨가 즐겨보는 유튜브는 가볍고 재미있게 볼 수 있는 몰카 동영상과 부동산 재테크 분야이다.

이렇게 시간을 보내다 보니 어느덧 배가 출출하다. 시간을 보니 11시 반. K씨는 오늘 2시에 강의가 있기도 해 강의하는 곳 근처에서 외식을 하기로 결정하고 집을 나선다. K씨는 동네에서 움직일 때 주로 자전거를 탄다. 자전거를 타고 집에서 가까운 ○○천변을 달린다. 뺨에 닿는 시원한 물바람이 상쾌하다. 옛날 직장 다닐 때는 보지 못했던 장면들이 눈에 들어온다. 사람들이 우르르 모여 장기와 바둑을 두고 있다. 잠시 눈이 팔려 구경하다 배가 꼬르륵하는 바람에 다시 식당으로 향한다. 오늘은 단골 식당에서 먹고 싶었던 파스타를 맛있게 먹었다.

오후 강의는 1시간짜리여서 금방 끝났다. 강의를 마치고 나온 시간이 3시! 때마침 K씨의 전화벨이 울렸다. 새로운 기업에서 강의 요청이 들어왔다. K씨는 유튜브로 마케팅을 하고 있는데 유튜브를 보고 전화했단다. K씨는 기분이 좋아 어깨가 저절로 실룩인다. 마침 작은딸이 하원할 시간이라 서둘러 유치원으로 달려가 작은딸 픽업을 마치고 집으로 돌아왔다. 큰딸도 곧 학교를 마치고 집에 돌아왔고 아내까지 퇴근하고 오니 완전체가 되었다. K씨는 저녁 시간이 하루 중 가장 즐겁다. 딸들과 놀아주며 이리저리 뒹굴며 재미있게 보낼 수 있는 시간이기 때문이다. 그리고 K씨는 밤 10시가 되면 어김없이 침대로 간다. 그래야 아침 일찍 일어날 수 있기 때문이다.

돈과 시간에서 자유로운 이유

K씨는 일반 직장인과 완전히 다른 하루를 보내고 있다. 이날 K씨의 경우 오가는 시간 포함하여 돈을 벌기 위해 일한 시간은 고작 5~6시간 정도가 전부다. 그런 점에서 최소 하루 8시간을 일해야 하는 직장인보다 시간이 많이 남는다. 상대적으로 직장인인 K씨의 아내는 K씨보다 시간

여유가 없다. 출퇴근 시간까지 더하면 무려 10시간 이상을 일한다. 그러다 보니 맞벌이를 하는데 1인 기업가로 집에서 일을 하는 경우 상대적으로 1인 기업을 하는 사람들은 집안일을 많이(?) 하게 되는 경우가 있다. 하지만 K씨의 경우처럼 가정적인 사람이라면 오히려 이런 생활이 더 행복할 수도 있다.

여기에서 주목할 것은 단지 시간의 여유만이 아니다. K씨는 하루에 5~6시간만 일하고도 직장인보다 더 많은 수익을 얻는다. 이 부분이 중요하다. 위의 예는 그나마 강의가 있는 날의 일과를 보여준 것이고 강의가 없는 날은 직장인들의 토요일, 일요일과 같이 여유롭게 시간을 보낼 수 있다. 이런 날이 한 달에 15여 일이 넘는다. 나머지 10일은 정상 강의를 하고 4일 정도는 멘토링 강의를 한다. K씨는 어떻게 이렇게 일하고도 직장인보다 더 많은 수익을 얻을 수 있는 것일까?

이제 K씨가 수익을 얻는 구조를 살펴보자. 일단 기업 강의의 경우 강의료가 천차만별이지만 평균 50~70만 원 정도를 받는다. 100만 원 이상을 받을 때도 있다. 평균 50만 원을 기준으로 하더라도 한달에 10번이면 500만 원이다. 여기에 멘토링 강의를 진행하고 있는데 이는 K씨가 만든 특별 교재를 배우기만 하면 누구나 K씨처럼 강의할 수 있도록 만든 특별 시스템이다. K씨는 매주 토요일 이 강의를 진행하고 있는데 이 강의를 수료한 사람에게 강의를 할 수 있는 자격증을 부여한다. 이들의 멘토링 강의료는 1인당 20만 원이다. 이 멘토링 강의에 매주 적게는 2~3명, 많게는 5~6명이 신청한다. 그러면 이 수입만 해도 평균 4명으로 잡고 주당 80만 원, 월 320만 원이다.

K씨의 수입은 여기에 그치지 않는다. 멘토링 강의를 마친 사람들은 반드시 K씨의 교재를 사용해야 하는데 이때 교재비를 받는다. 이 교재 판매가 한 달에 1~2백만 원이 꾸준히 팔린다. 이로써 K씨의 한 달 수입은 약 천만 원이 된다. 그런데 여기서 빠트린 것이 있다. 그것은 K씨가 마케팅 목적으로 진행하고 있는 유튜브다. 현재 유튜브 구독자가 만 명을 넘어가고 있어 유튜브 수익도 발생하고 있다.

어떤가. 이제 왜 K씨가 1인 기업가로서 돈과 시간에서 자유롭다고 이야기하는지 이해가 되었는가. 물론 K가 여기에까지 이르는 데는 부단한 노력과 시행착오가 있었기에 가능했을 것이다. 잘된 결과만 이야기하니 모두가 1인 기업만 하면 K씨처럼 될 것이란 생각은 금물이다.

1인 기업은 꼬박꼬박 월급 나오는
직업이 아니다

　직장인들은 1인 기업 하는 사람들을 부러워하는데 이때 직장인들이 가장 부러워하는 점은 '자기 일'을 한다는 데 있다. 사실 직장인 중에는 자신이 직장을 위해 일하는 것이지 자기 일을 한다고 생각하지 않는 사람들이 많다. 직장인들이 이렇게 느끼는 이유는 아무리 수익을 많이 내도 자기에게 돌아오는 몫은 한정되어 있기 때문이다.

　하지만 경영자 입장에서는 이렇게 반박할 수도 있다. 우리는 직장인이 수익을 많이 내지 못할 때도 꼬박꼬박 월급을 주고 있지 않은가. 맞는 말이다. 사실 이 부분은 직장인의 장점이자 단점이다. 직장인은 수익을 많이 내든 적게 내든 상관없이 일정한 월급이 꼬박꼬박 나온다. 따라서 직장인이 계획적으로만 생활할 수 있다면 이보다 안정적인 직업은 없다. 하지만 자기 생활에 비해 월급이 부족하다고 느낄 경우 고민에 빠지게 되고 그래서 돈을 많이 번다는 1인 기업가를 부러워하게 되는 것이다.

수입은 불규칙하다

아이러니한 것은 1인 기업가들은 역으로 이런 직장인의 월급을 가장 부러워한다는 점이다. 개인에 따라 큰 차이가 있긴 하지만 사실 1인 기업을 시작하여 안정된 수익 구조를 만들기까지는 꽤 시간이 걸린다. 《돈과 시간에서 자유로운 인생 1인 기업》을 쓴 이승준 대표도 안정된 수익을 얻기까지 1년 이상이 걸렸다. 물론 직종에 따라 단 몇 개월 만에 월 천만 원 이상 수입을 얻었다는 1인 기업가도 있다. 하지만 반짝하여 큰 수익을 올렸다고 무조건 기뻐할 일은 아니다. 왜냐하면 갑자기 확 타오른 불은 그만큼 빨리 꺼질 수 있기 때문이다. 직장인이 연봉을 따지듯 1인 기업도 반짝하는 월수입에 휘둘릴 것이 아니라 연 수입이 어떻게 되는지 잘 따져봐야 한다.

앞에서 하루 일과를 공개한 K씨도 처음 1인 기업을 시작했을 때 첫 달 수입이 천만 원을 넘었다. 한 달에 강의를 무려 40번을 다녔기 때문이다. 열정에 불타올랐던 K씨는 이곳저곳의 강사 모집 공고에 자신의 프로필을 보냈고 다른 강사보다 몇 배나 싼 강사료로 강의를 다녔다. 그러다 보니 강의가 물밀듯 밀려왔고 한 달에 무려 40회나 강의를 했다.

이전 직장에 다닐 때 K씨의 월급은 250만 원 정도였다. 그러던 사람이 월 천만 원을 벌자 세상 모든 직장인이 자기 아래로 보이기 시작했다. 돈 벌기 쉽네, 라는 마음이 솟구쳐 올라왔다. 하지만 다음 달 강의가 반으로 줄었다. 당연히 월수입도 반으로 줄었다. 문제는 그다음 달부터였다. 한 달에 강의가 2~3건이 고작이었다. 아예 강의가 없는 달도 있었다. 그렇게 K씨가 1년 연봉으로 계산해본 결과 4천만 원이 채 되지 않았다. 직장 연봉보다는 많았지만 당시 K씨는 사무실도 쓰고 있었기에 이런저런 경비를 빼면 직장 연봉과 비슷한 수준에 불과했다. K씨는 매우 실망하지 않을 수 없었다.

문제는 그 다음 해에 발생했다. 친구들은 첫해에 그 정도면 나쁘지 않다고 위로해주었다. 1인 기업은 대부분 첫해에는 투자해야 하므로 오히려 돈을 벌지 못하는 사람들이 더 많기 때문이다. K씨는 다시 한 번 마음을 다잡고 열심히 강의 준비를 해나갔다. 그런데 2년째에 K씨는 연 수입 2천만 원도 안 되는 수준까지 떨어졌다. 사무실 경비를 빼면 그야말로 처참한 수준이다. 무엇보다 아내에게 미안했고 처음의 기세가 땅에 떨어졌다.

사실 1인 기업을 하는 사람 중에는 K씨와 같이 경제적 어려움을 겪는 사람이 더 많다. 그런 면에서 1인 기업은 초기에 절대 경제적 안정을 누릴 수 있는 직업은 아니라는 점을 각오해야 한다. 직장인들은 과다한 업무와 직장 내 인간관계 때문에 어려움을 겪는데 처음 3년을 잘 넘기라고 한다. 그런데 1인 기업도 마찬가지다. 처음 3년을 잘 넘겨야 한다. 1인 기업이 3년을 잘 넘기면 그때부터 안정된 수입 구조가 만들어지기 시작한다.

안정된 수입보다 높은 수입에 목표를!

1인 기업이 직장인보다 시간당 수입 면에서 유리한 이유는 $Y=\sqrt{x}$의 수입 공식 때문이다. 여기서 Y는 실수입이고 x는 영업이익이다. 직장인은 자신이 일해서 100만큼 영업이익을 낼 때 자신의 실수입은 $\sqrt{x}$, 즉 10이 된다. 회사에서 자신이 10만큼 월급을 받기 위해서는 100만큼 영업이익을 내줘야 하는 것이다.

하지만 1인 기업의 경우 수입 구조가 $Y=x$의 공식을 따른다. 즉 자신이 일해서 100만큼 영업이익을 내면 100 모두가 자신의 수입이 되는 것이다. 그래서 1인 기업이 직장인보다 시간당 수입 면에서 훨씬 유리하다. 이런 이유 때문에 1인 기업이 잘 운영될 경우 돈과 시간에서 자유를 얻을 수 있다는 이야기가 나오는 것이다.

이런 수입 공식의 원리를 잘 이용하면 1인 기업은 직장인보다 높은 수입을 얻는 것이 어렵지 않다. 만약 수입이 시원찮으면 더 많은 시간을 일하면 되기 때문이다. 그럼에도 불구하고 1인 기업은 안정적인 수입을 기대하기에는 여전히 불안한 요소가 있다. 직장인이 다니고 있는 기업도 경기에 따라 휘청이는 것처럼 1인 기업도 경기에 따라 수입이 불규칙할 수 있기 때문이다.

그런 점에서 1인 기업은 안정적 수입보다 높은 수입에 목표를 두는 것이 필요하다. 즉 일이 들어올 때 바짝 일해서 높은 수입을 얻고 그 수입으로 일이 줄어들 때를 대비해야 한다. 이렇게 하면 어느 정도 경제적 어려움을 겪지 않고 잘 넘길 수 있게 된다. 만약 이런 계획성 없이 첫 달 큰 수입을 올렸다고 흥청망청 쓰게 되면 수입이 없는 달에 큰 낭패를 볼 수도 있다.

안정된 수입 시스템을 만드는 법

1인 기업에 안정된 수입이 들어온다면 금상첨화다. 혼자 산다고 하더라도 우리나라에서 기본적인 생활을 하려면 적어도 100~150만 원은 있어야 한다. 만약 가족이 2인 이상이라면 적어도 200~300만 원은 필요하다. 아무리 1인 기업을 한다 하더라도 이 정도의 기본 수입이 없이 사업을 해야 한다면 결국 생활을 유지하기가 힘들어질 것이다. 게다가 1인 기업은 생활비 외에 사업을 하기 위한 비용도 들어간다. 사무실 임대료와 여러 부대비용 같은 것이 그것이다. 따라서 1인 기업을 할 때 안정적인 수입 시스템을 만드는 것은 1인 기업을 오래 하기 위한 기본적인 장치라고 할 수 있다

다시 K씨의 이야기로 돌아와 보자. K씨의 경우 1인 기업 2년 차에 위기를 맞이했다. 사실 K씨가 회사를 그만둘 때 K씨처럼 1인 기업을 하겠다고 함께 그만둔 사람들이 몇 있었다. 그런데 그들은 2년도 채 되지 않은 시점에 모두 직장인으로 돌아가 있다. 이유는 다양했다. 한 사람은 불규칙한 생활로 건강이 안 좋아져서라고 했고 다른 사람은 외로움을 견디지 못해서라고 했다. 하지만 K씨가 파악해본 결과 결국 경제적 어려움을 버티지 못하고 그만둔 게 주된 이유였다. 만약 사업이 잘되었다면 저런 이유로 어떻게 1인 기업을 접을 수 있겠는가.

K씨는 저들처럼 이대로 다시 회사로 돌아갈 수는 없다고 생각했고 대신 자신의 강의에 인기가 떨어진 이유를 냉정하게 분석했다. 사실 K씨의 자기계발 강의는 다른 콘텐

츠와 큰 차별점이 없었다. 다른 자기계발서처럼 '꿈을 꾸면 이루어진다.'는 내용이 주였다. K씨는 1인 기업 3년 차가 되었을 때 비로소 이 사실을 깨닫게 되었다. K씨는 다시 초심으로 돌아가 서점에 나와 있는 거의 모든 자기계발서를 탐독하기 시작했다. 그리고 야간에는 대학원에도 다녔다. 대학원에서는 심리학을 공부했고 성격 유형을 탐구하는 연구를 집중적으로 했다. 그리하여 K씨가 탄생시킨 것이 '성격 유형별 자기계발'이었다. 인터넷 검색을 해보니 이 분야는 아직 블루오션(남들이 잘 하지 않는 분야)이었다.

당장 안정적으로 일정하게 들어오는 수입이 간절했던 K씨는 이 신개발 상품을 가지고 여러 가지 수입이 들어올 수 있는 구조를 만들었다.

첫째, 유튜브를 시작했다. 자기의 상품을 알리는 데에는 유튜브만 한 게 없다고 생각했기 때문이다. 만약 유튜브 조회수가 올라가면 콘텐츠를 홍보할 수 있을 뿐만 아니라 유튜브 광고 수익도 거둘 수 있다. 이것이 첫 번째 수입원이다.

둘째, '성격 유형별 자기계발' 상품으로 자신이 직접 강의를 다니며 수입을 얻는 구조다. 하지만 이것만으로는 수입이 들쭉날쭉할 수 있으므로 K씨는 세 번째 수입원을 만들어야겠다고 생각했다.

셋째, K씨는 멘토링 사업을 계획했다. 프랜차이즈 사업 방식에서 아이디어를 얻었다. 즉 '성격 유형별 자기계발'을 자신만 강의하는 게 아니라 누구나 강의할 수 있도록 시스템을 만든 것이다. 그리하여 K씨는 멘토링 교육을 통해 세 번째 수입원을 만들었다. 하지만 K씨는 여기에서 자신의 수입원을 하나 더 만들어야겠다고 생각했다.

넷째, 자신만의 '성격 유형에 따른 자기계발 검사지'였다. 강의를 듣는 사람들은 이 검사지를 활용하여 자신의 성격 유형을 알아내고 그에 따른 자기계발을 실천하면 된다. 이러한 검사지는 저작권이 K씨에게 있으므로 멘토링을 통해 교육을 받아 강의하는 사람들은 강의를 할 때마다 K씨에게 이 검사지 사용료를 지불해야만 한다. 이렇게 하여 K씨는 네 번째 수입원을 만들었다.

K씨는 이처럼 수입원을 여러 개로 만들어놓았더니 어느 하나에 구멍이 나더라도 다른 곳에서 수입이 들어와 불경기에도 큰 경제적 어려움 없이 지나갈 수 있게 되었다. 더욱이 K씨는 이러한 안정된 수입을 바탕으로 몇 년 뒤에는 상가도 하나 얻어 부동산 임대료 수입이라는 제5의 수입 구조를 만들었다.

우리는 K씨의 예를 통하여 1인 기업이라 하더라도 얼마든지 안정된 수입 구조를 만들 수 있음을 알 수 있다. 그 핵심은 다양한 수입 구조를 만드는 데에 있다. 1인 기업을 시작하는 사람들은 처음 1인 기업을 세우기 전에 이런 요소를 고려하여 계획을 세운다면 큰 경제적 불안 없이 1인 기업가로 일할 수 있을 것이다.

지금은 1인 기업가가 성공하기 딱 좋은 환경

인터넷에 1인 기업을 검색해보면 '지금은 1인 기업이 대세'라는 말을 실감할 수 있다. 저성장 시대, 경기 불황을 넘어 경기 침체를 걱정해야 하는 요즘이다. 그런데 사람들은 왜 지금 1인 기업이 대세라는 말을 하는 걸까? 가장 큰 이유로 코로나19를 꼽는다.

코로나19가 직업 환경을 완전히 바꿔 놓았다

모두가 알고 있듯 코로나19는 1급 전염병이기 때문에 사람들을 모이지 못하게 만들었다. 학교 등교와 종교 모임이 금지되었으며 심지어 직장인들도 재택근무가 권장되었다. 무엇보다 가장 타격을 받은 직업은 자영업자였다. 식당, 카페 같은 곳을 가지 못하게 만들었으니 그 피해는 미루어

짐작이 갈 정도다.

위의 상황을 잘 살펴보면 코로나19가 일반 회사는 물론이고 자영업까지 거의 모든 직종에 큰 타격을 입혔다. 이것은 그동안 우리가 직업으로 삼고 있던 것들이 대부분 개인보다는 조직으로 움직였다는 것을 나타낸다. 그런데 조직에는 여러 사람이 모여 있으므로 직장이나 자영업은 코로나19에 대응하기에는 맞지 않는 직업이다. 그래서 주목을 받게 된 직업이 혼자 일하는 직업, 즉 프리랜서나 1인 기업인 것이다. 이제 1인 기업은 대세가 되었다.

1인 기업이 대세라는 말은 또 다른 이유로도 나온다. 앞으로 코로나19 같은 전염병이 장기적으로 이어지는 시기가 계속되면 직장이나 자영업 등이 큰 타격을 받게 되어 일을 그만두는 사람들이 기하급수로 늘어난다. 그러면 이 사람들은 어떤 직업을 가져야 할까? 당연히 코로나19 때문에 잃은 직업이므로 코로나19에 대응할 수 있는 직업이어야 할 것이다. 1인 기업이 대세가 될 것이란 말은 이런 이유로 나오기도 했다.

1인 기업이 대세인 진짜 이유

앞에서 코로나19와 관련된 1인 기업의 성격에 관해 이야기했다. 코로나19는 기업의 형태를 조직에서 개인으로 바꿀 것을 요구하고 있다. 하지만 코로나19가 기업의 형태에 영향을 미치는 현상은 사실 어떤 일의 전조현상이라고 할 수 있다. 전조현상이란 어떤 일의 징조로 나타나는 현상이다. 예를 들어 큰 지진이 일어나기 전 작은 지진들이 자주 일어나는 일이 바로 '전조현상'이라고 할 수 있다. 그렇다면 왜 코로나19가 기업 형태의 변화에 대한 전조현상이라고 말하는 걸까?

이것을 이해하려면 우리의 시각을 좀 더 넓혀야 한다. 코로나19가 오기 전 기존의 산업에 몰아닥친 가장 특징적인 현상은 4차 산업혁명 시대가 온다는 이야기였다. 그리고 기업의 사무실 환경과 관련된 4차 산업혁명의 가장 핵심적인 기술은 스마트워크였다. 스마트워크란 IT 기술을 이용하여 장소나 시간에 구애받지 않고 일할 수 있는 근무환경을 뜻한다. 4차 산업혁명의 가장 핵심기술이 인공지능과 사물인터넷이라고 했을 때, 이 기술을 사무실 환경에 적용하면 스마트워크는 어렵지 않게 이루어낼 수 있다. 굳이 사무실에 모여 일하지 않아도 스마트워크 시스템만 구축하면 언제 어디서나 업무를 볼 수 있는 것이다. 이것은 회사에 출근하지 않아도 집에서 충분히 일할 수 있는 업무 환경이 이루어진다는 것을 뜻한다.

이런 기술이 한창 개발되고 있을 무렵 갑자기 코로나19

가 터졌다. 그리고 각 직장에서는 재택근무를 장려하는 일이 곳곳에서 생겨났는데 이런 스마트워크 시스템이 어느 정도 구축되고 있었기에 가능한 일이었다. 그런데 여기에서 생각해볼 점은 왜 4차 산업혁명에서는 이러한 근무환경을 추구하고 있었던 걸까, 하는 부분이다. 회사 사무실에서 일하면 되는데 왜 군이 집에서도 일할 수 있는 업무환경 기술을 개발하고 있었는가 하는 부분이다.

그것은 세계 경제 위기와 관련이 있었다. 당시 세계 경제는 선진국이었던 미국과 유럽 경제가 휘청이면서 커다란 위기에 빠져 있었다. 이대로 가다가는 전 세계가 함께 망할 수도 있다는 위기감이 돌고 있었다. 이러한 때에 유일한 돌파구는 새로운 산업이 일어나는 것밖에 없었다. 아마도 4차 산업혁명은 이러한 차원에서 자생적으로 생겨난 현상이라고 볼 수 있다.

새로운 산업이 일어나기 위해서는 창조적 아이디어가 필요하다. 하지만 회사 사무실 같이 고정된 공간에서 새로운 창조적 아이디어가 나오기는 힘들다. 그래서 생각한 것이 자유로운 근무 방식이었다. 스마트워크는 그러한 차원에서 나온 아이디어였다. 그런데 아이러니하게도 코로나19가 이러한 스마트워크를 부추기고 있다. 실제 코로나19 이후에 각 기업은 스마트워크 기술을 유용하게 활용하고 있다.

그런데 스마트워크 기술을 가장 확실하게 활용할 수 있는 기업은 결국 1인 기업이 될 수밖에 없다. 왜냐하면 조직 입장에서는 아무리 스마트워크 기술이 발전해도 온라인보다는 직접 회사에 모여 일하고 소통하는 것이 훨씬 효율적일 수밖에 없기 때문이다. 현재 스마트워크 기술이 각 기업에 널리 퍼지지 않는 이유가 바로 여기에 있기도 하다. 미래에 정말 스마트워크 기술이 직접 만나서 소통하는 것만큼의 수준에 도달한다면 이야기가 달라질 수도 있다.

이렇게 볼 때 어쩌면 스마트워크 기술은 조금 극단적으로 이야기해서 1인 기업의 탄생을 예고하기 위해 나온 것이라 볼 수도 있다. 이 외에도 1인 기업을 발전시키기에 적합한 많은 4차 산업혁명의 기술(인공지능, 사물인터넷, 빅데이터 등)들이 쏟아져 나오고 있어 4차 산업혁명이 발전할수록 앞으로 1인 기업이 더욱 발전하리라는 것은 어렵지 않게 예상할 수 있다. 앞으로 1인 기업이 대세가 될 것이라 말하는 진짜 이유는 바로 이 때문이다.

그들은 늘 아이디어와
싸운다

1인 기업은 분야가 매우 다양하기 때문에 모든 1인 기업이 하는 일을 다 소개할 수는 없다. 법으로 정한 1인 창조기업을 기준으로 할 때 창업진흥원의 조사에 따르면 2020년 기준 약 43만 개 기업이 활동하고 있다고 나와 있다. 큰 기준으로 그 분야들을 살펴보면 제조업이 약 41퍼센트로 가장 많고, 교육 서비스업이 25퍼센트로 그다음을 이루고 있다. 그 외 개인 및 소비 용품 수리업이 약 10퍼센트, 전문과학기술 서비스업이 8.7퍼센트 정도이다.

위에서 소개된 분야를 보면 기존 기업들이 다 다루고 있는 것들이기에 1인 기업으로서 경쟁력을 갖추기 위해서는 기존 기업들과 겹치지 않으면서 창의적이고 기발한 아이디어를 담은 상품이나 기술 또는 지식이 필요함을 알 수 있다. 물론 1인 기업으로 특화된 강사, 작가, 컨설턴트 등은 예외적인 분야라 할 수 있다.

다음에는 이런 창의적 아이디어가 담긴 몇몇 1인 창조기업의 예를 통하여 구체적으로 1인 기업이 하는 일에 대해 알아보자.

제품으로 승부 거는 1인 기업들

① 배수구 청소를 해결한 '자동세척 싱크 배수구'

1인 창조기업인 도일산업을 세운 김종남 대표는 더럽고 악취 나는 싱크대 배수구 청소 문제에 주목하여 '자동세척 싱크 배수구'를 개발하는 데 성공했다. 일반 가정에서 싱크대 배수구를 청소하는 일은 거의 없다. 하지만 한 번이라도 싱크대 배수구 상황을 본 사람이라면 얼마나 더러운지 기겁하고 놀라고 말 것이다.

실제로 김종남 대표는 이사를 했다가 이런 경험을 하였다. 이사를 한 후 대청소를 하면서 싱크대 배수구를 보는 순간 얼마나 오랫동안 청소하지 않았는지 그야말로 끔찍할 정도로 지저분하고 곰팡이도 심했기 때문이었다. 김 대표는 어쩔 수 없이 눈을 질끈 감고 배수구에 손을 넣어 청소를 하면서 그때부터 이 문제를 해결할 방법을 찾기 시작했다.

그 결과로 나온 것이 바로 '자동세척 싱크 배수구'였다. 이 제품은 기존 싱크대 배수구에 자동세척 기능만 추가하면 되므로 설치만 하면 된다. 사용 방법도 매우 간단하다. 제품 뚜껑을 열고 락스, 베이킹소다, 식초, '뚜러뺑' 같은 세정제 약 50밀리리터를 넣어준 다음 물을 가득 채우면 끝난다. 이렇게 30분~1시간가량 지난 다음 뚜껑을 다시 한 번 누르면 찌꺼기가 떨어져 나오는 동시에 살균이 끝나게 된다. '자동세척 싱크 배수구'의 경우 설치와 이용 방법이 매우 간단하기에 사업 초기부터 주목을 받았고 대한민국 소상공인 창업박람회'에서 큰 성과를 거두기도 했다.

② 화분으로 변신하는 커피 컵 '그린버킷'

1인 창조기업인 '디자인허브'의 이경수 대표는 버려지는 1회용 커피 컵을 보며 재활용할 수 있는 방법이 없을까, 고민했다. 그래서 탄생한 것이 화분으로 변신하는 커피 컵 '그린버킷'이다. 그린버킷은 커피를 마신 후 빈 컵을 화분으로 재탄생시킬 수 있다. 컵 안에 압축된 흙과 씨앗이 들어 있어 따로 흙과 씨앗을 준비하지 않아도 화분을 만들 수 있는 것이다. 이때 커피 컵 뚜껑은 화분 받침대로 사용할 수 있다. 이런 커피 컵이라면 소비자가 모두 컵을 가져가게 되므로 매장은 쓰레기를 줄일 수 있다. 한편 그린버킷은 친환경 제품이기에 100퍼센트 자연 분해되는 식물성 원료로 만든다.

③ 태양열로 스마트폰 충전 '쇼어박스(Shore Box)'

1인 창조기업인 '비치가드'의 김기범 대표는 '쇼어박스(Shore Box)'라는 아이디어 제품을 선보여 주목받았다. 쇼어박스는 태양열을 이용하여 스마트폰을 빠르게 충전할 수 있는 신개념 제품이다. 누구나 캠핑이나 야외 활동 중 갑자기 스마트폰 배터리가 방전되어 당황한 경험이 있을 것이다. 이때 쇼어박스를 이용하면 태양열을 이용하여 스마트폰을 빠르게 충전할 수 있다. 또한 쇼어박스는 야외 활동 시 지갑이나 자동차 열쇠 등 중요 물품 보관함으로도 사용할 수 있다. 그 외 다양한 야외 용품에 필요한 전원으로도 사용할 수 있다. 쇼어박스는 설치도 간단하다. 그냥 파라솔이나 텐트 등에 부착하기만 하면 된다.

김 대표가 이런 아이디어 상품을 만들어낼 수 있었던 것은 순전히 자신이 종종 이런 불편을 겪었기 때문이다. 일본 유학 중 보드 서핑을 즐기러 나갔다가 핸드폰 등 중요한 물건을 보관할 데가 없어 난감하고, 핸드폰 충전에도 불편함을 겪었다. 결국 자신의 경험을 토대로 쇼어박스를 탄생시킬 수 있었던 것이다.

지금까지 소개한 것들은 모두가 아이디어 제품을 만들어서 파는 1인 제조 기업에 해당한다. 이처럼 아이디어 상품에 관심 있는 사람은 먼저 아이디어를 제품으로 만드는 과정이 궁금할 것이다. 일반적으로 내 아이디어를 제품으로 만들기 위해서는 그 제품을 시제품으로 제작할 수 있는 공장을 찾아야 한다. 이때 제품 종류에 따라 상당한 돈이 들수도 있다. 제품 완성 단계까지 몇 번이고 수정을 거쳐 시제품을 만든다면 1인 기업가에게는 큰 부담일 수 있다. 따라서 제조업으로 1인 기업을 시작하려는 사람들은 시제품을 무료로 제작해주는 다양한 프로그램을 활용하기를 권한다.

특허청과 한국여성발명협회가 주관하는 '생활발명코리아'라는 프로그램이 있는데 여기에 선정되면 무료로 시제품을 제작해줄 뿐 아니라 특허등록까지 진행해준다. 단 여성만 지원할 수 있으며 지원 기간이 있으므로 참고해야 한다. 여기에 지원하려면 '생활발명코리아' 홈페이지에 들어가 내 아이디어를 등록하면 된다.

만약 '그린버킷'처럼 친환경 제품이라면 시제품 제작지원 프로그램 중 하나인 '서울새활용플라자'의 문을 두드려보는 것도 좋은 방법이다. 만약 내 아이디어가 선정된다면 시제품 설계부터 디자인, 제작까지 무료로 지원받을 수 있다. 지원 방법은 '서울새활용플라자' 홈페이지에 들어가서 신청서를 다운로드 받아 작성하고 이메일로 지원하거나 직접 찾아가 접수하면 된다.

지금까지 소개한 방법은 내 아이디어가 선정되어야만 지원받을 수 있다는 한계가 있다. 이런 지원 없이 시제품을 싸게 제작하고 싶은 1인 기업이라면 내 아이디어를 제품으로 만들어주는 플랫폼(다양한 정보를 활용할 수 있도록 제공하고 사람들을 연결해주는 인터넷 서비스)을 이용하면 좋다. 이런 플랫폼들은 내 아이디어를 가장 저렴한 가격에 시제품으로 제작할 수 있는 곳을 연결해주는 역할을 한다. 예를 들어 '고스메이커'라는 플랫폼은 537개의 기업과 연결되어 있는데 내 아이디어를 신청하면 자동 비교 견적을 통해 가장 합리적인 가격에 시제품을 만들 수 있는 곳을 안내해준다.

이렇게 시제품이 만들어지면 이제 제품을 알리고 팔 수 있도록 마케팅을 해야 한다. 1인 기업이란 이 모든 과정을 나 혼자 해야 하므로 기업의 전반적인 지식을 알고 있는 사람이 해야 성공할 수 있다.

문화콘텐츠로 승부 거는 1인 기업들

① 웹툰 작가가 세운 스튜디오 '아작'

1인 기업이 상품으로 내걸 수 있는 제품은 비단 물품만 있는 것은 아니다. 상품 개발 가능성이 높은 아이디어나 작가들의 작품 또한 훌륭한 상품이다. 스튜디오 '아작'을 세우면서 1인 창조기업에 도전한 만화가 정철 작가는 자신의 작품을 상품으로 내놓아 성공시킨 대표적 1인 기업가다. 대개 만화가들은 출판사나 기획사와 거래하면서 프리랜서로 일하게 된다.

정철 작가도 프리랜서로 일하던 만화가 중 한 명이었다. 그러다 2009년, 네이버 웹툰에 〈현산 아라리〉를 발표하면서 갑자기 사무실과 사업자등록증이 필요하다는 이야기를 듣는다. 이때 어쩔 수 없이 사업자등록증을 내면서 본격적인 1인 기업가의 길에 들어서게 되었다.

만화가와 사업가의 길을 동시에 걷게 된 정철 작가는 스튜디오 '아작'이란 회사를 세우고 자체 콘텐츠를 하나둘 선보였다. 1인 창조기업으로 등록하여 한국만화영상진흥원 산하의 1인 창조기업 비즈니스센터에서 여러 지원도 받게 되었다. 다행히 네이버 웹툰, 다음 웹툰에 연재한 작품들이 히트를 치면서 여러 성과가 나타나기 시작했다. 그의 대표작 〈본초비담〉이 '해외글로벌 우수콘텐츠 제작지원사업' 대상작으로 선정되는가 하면, 2013 대한민국 콘텐츠 어워드 만화 부문에서 문화체육관광부 장관상을 수상하기도 했다. 정철 작가는 이런 성과를 바탕으로 해외시장까지 진출하게 되었으며 만화 캐릭터를 이용해 다양한 팬시용품과 옷을 제작해 매출을 올리고 있다. 프리랜서 만화가로만 활동했다면 꿈도 못 꿀 일들을 1인 기업을 하면서 해나가고 있다.

② 청춘들에게 꿈을 심어주는 '스토리박스'

사법고시를 준비하다 '스토리박스'라는 1인 창조기업을 세운 강수훈, 김태완 공동대표는 무한경쟁에만 내몰리고 있는 이 시대의 청춘들에게 꿈을 심어준다는 아이디어 하나만으로 기업을 세운 대표 사례다. 이들의 사업 아이템은 강연과 토크콘서트를 통하여 청춘과 명사를 연결해주는 일이다. 이들만의 창의적 아이디어로 기업이나 학교, 공공기관 등의 토크콘서트를 기획하여 대행하는 일을 한다. 이 과정에서 영상을 제작하고 멘토링 교육까지 진행하고 있다.

이들이 진행하는 강연에는 다른 강연에서 볼 수 없는 진정성이 담겨 있다는 평가를 받는다. 스토리박스에서 기획한 대표적 강연에는 개그콘서트 헬스걸 권미진 씨를 초청

한 '스토리콘서트', 인디 뮤지션을 후원하는 나눔 토크콘서트인 'soon show' 등이 있다. 물론 이들도 창업 초기에는 많은 어려움을 겪었다. 하지만 '창업넷'을 통해 큰 도움을 받았다고 이야기한다. '창업넷'은 창업과 관련된 거의 모든 정보가 들어 있는 창업 포털이다. 창업을 하려는 사람은 누구나 꼭 들러야 하는 공간이기도 하다.

③ 한류 문화를 수출하는 '럭키가이즈컨텐츠'

한류 문화를 중앙아시아 지역에 수출한다는 아이디어만으로 1인 창조기업을 세운 사람이 있다. '럭키가이즈컨텐츠'의 원준일 대표가 그 주인공이다. 한류 콘텐츠는 이미 세계적 현상이며 수출이 활발하게 이루어지고 있다. 하지만 중앙아시아에 대해서는 아직 정보가 부족하여 진출을 많이 하지 못하는 상황에 있다. 이에 원 대표는 이 부분을 공략하여 중앙아시아에 한류 캐릭터 제품의 기획 및 수출, 한류 문화 및 한국어 전파 사업, 이와 관련된 행사 기획 등을 내용으로 하는 문화콘텐츠 1인 기업을 세웠다.

럭키가이즈컨텐츠가 사업 계획대로 일을 진행해 나가기 위해서는 중앙아시아 현지 업체들로부터 인정을 받는 것이 매우 중요하다. 이를 위해 럭키가이즈컨텐츠의 실적이 있어야 한다. 이에 원 대표는 1인 창조기업을 지원하는 '르

호봇'의 도움을 받아 한류 캐릭터 상품 개발에 매진하고 있다. 럭키가이즈컨텐츠의 대표 캐릭터로 '차키(호랑이의 카자흐스탄어) 페스티벌'이 있는데 예능 프로그램 〈아빠! 어디가?〉에서 김민국, 김성주가 '차키 페스티벌' 티셔츠를 입고 출연한 바 있다.

④ 스토리를 상품으로 '예밝공작소'

스토리텔링 전문회사인 '예밝공작소'는 20년 동안 방송작가로 활동하던 조은실 대표가 다른 여성 방송작가 2명과 함께 세운 작가 공동체 성격의 1인 기업이다. 언제부터인가 기업에도 스토리텔링의 중요성이 커졌고 스토리텔링도 충분히 사업적 가치가 있는 것으로 발전해왔다. 이를 간파한 조 대표가 스토리텔링을 상품으로 하는 1인 기업을 세운 것이 바로 '예밝공작소'이다.

그렇다면 예밝공작소는 구체적으로 어떤 일을 하며 수익을 올리는 것일까? 먼저 이웃들의 재미있는 이야기를 발굴하여 작가적 감성을 입혀 스토리텔링으로 풀어낸다. 이것을 영상으로, 책으로, 또 공연으로 풀어내며 수익을 만들어낸다. 좀 더 구체적으로는 이 스토리텔링을 이용하여 함께 웃고 이야기하는 토크쇼를 제작하고, 지역사회의 문화를 재조명하는 영상을 제작하기도 한다. 또한 스토리텔링을 이용한 프로그램을 개발하여 지역 주민들의 참여를 높이는 홍보 활동도 하고 있다.

한편 '예밝공작소'는 2013년 한국사회적기업진흥원에서 시행하는 '청년 사회적 기업가 육성사업'에 선정되는 성과를 거두었다. 사회적 기업이란 기업의 첫째 목적을 지역사회에 공헌하는 것에 두는 기업을 뜻한다. 예밝공작소는 일의 성격 자체가 이미 지역 주민들의 삶에 활력을 주는 일이므로 '청년 사회적 기업가 육성사업'에 선정될 수 있었다.

성공한 1인 기업가의
비밀을 배워라

　　1인 기업은 다른 직업과 달리 그 분야가 워낙 넓기 때문에 구체적으로 무슨 일을 하고 또 돈을 어떻게 버는지를 모두 다루는 데 한계가 있다. 따라서 우리가 1인 기업이라는 직업에서 배워야 할 부분은 이 직업이 구체적으로 어떤 일을 하는가보다 어떻게 성공적으로 사업을 꾸려가는가가 더 중요하다. 요즘은 유튜브에 웬만한 사업에 대한 소개가 잘 되어 있다. 1인 기업의 각 분야에서 구체적으로 하는 일에 대해서는 자신이 관심 있는 분야에 대한 검색을 통하여 어렵지 않게 찾아볼 수 있다. 따라서 이 장에서는 1인 기업이 어떻게 성공 가능성을 높일 수 있는지 각 분야별로 알아보도록 하자.

성공한 1인 기업 브랜딩 배우기

사업을 하려고 할 때 가장 중요한 것 중 하나는 내가 만든 상품이 소비자에게 좋은 느낌으로 전달되느냐이다. 이렇게 소비자에게 전달되는 '나'라는 기업의 이미지를 브랜드라고 한다. 소비자는 대부분 자신이 좋아하거나 신뢰하는 브랜드라면 쉽게 지갑을 여는 경향이 있다.

예를 들어 커피를 마시려고 할 때 스타벅스라는 브랜드만 보고도 사람들은 다른 곳보다 비싼 커피 값을 내도 전혀 아까워하지 않으면서 커피를 사 마신다. 하지만 이름 없는 브랜드에서 커피 값을 비싸게 매기면 의심부터 하고 본다. 라면을 사 먹으려고 할 때 농심이나 삼양이란 브랜드만 보고도 믿고 사 먹는다. 브랜드란 기업 차원에서 이런 힘을 지니고 있다.

이러한 브랜드를 만드는 것을 '브랜딩'이라고 하며 1인 기업을 만들려고 할 때도 브랜딩을 잘하는 것은 매우 중요하다. 보통 브랜딩은 큰 기업 차원에서만 하는 것으로 생각하지만 1인 기업도 엄연한 기업이므로 브랜딩을 잘하는 것은 매우 중요하다.

그렇다면 브랜딩을 잘하기 위해 중요한 요소는 무엇일까? 성인 영어교육 전문학원을 운영하며 '영어충전소'라는 네이버 카페를 운영하는 박준상 대표는 1인 기업이 브랜딩을 잘하기 위해서는 4가지 중요한 요소를 살려야 한다고 말한다. 그는 이미 성공한 1인 기업가로 건물주가 되어 자신의 건물에서 영어학원을 운영하고 있다.

박 대표가 1인 기업 브랜딩에서 첫 번째로 중요하게 생각하는 것이 '기업 철학'이다. 여기서 기업 철학이란 단지 돈 버는 것을 넘어 세상을 이롭게 하는 데 쓰임 받기 위한 어떤 생각 같은 것이다. 성공한 대기업을 보면 대부분 이러한 기업 철학이 있다. 삼성전자의 경우 '최고의 제품과 서비스로 인류사회에 공헌'하는 것이며 현대자동차의 경우 '휴머니티를 향한 진보'이다. 사실상 기업의 목적은 돈을 버는 것인데 성공한 기업을 보면 돈을 버는 것에 첫 번째 뜻을 두지 않는다. 기업 철학이란 바로 이와 같은 것이다. 인류사회를 이롭게 하기 위해 무엇을 하겠다는 것이 바로 기업 철학이다. 만약 내가 강연을 한다면 '더 많은 사람들을 행복으로 이끌기'가 기업 철학이 될 수 있을 것이다.

브랜딩을 하는 데 있어 기업 철학이 중요한 이유는 결국 기업이 돈을 버는 원리가 철학에 담겨 있기 때문이다. 무슨 말이냐 하면, 기업이 돈을 벌기 위해서는 먼저 소비자의 필요를 채워주는 조건이 성립되어야 한다. 그러면 소비자가 지갑을 열어 제품을 사게 되므로 기업은 비로소 돈을 벌게 된다.

예를 들어 떡볶이집이 먼저 맛있는 떡볶이를 만들어놓으면 떡볶이를 먹고 싶었던 사람들이 몰려와 돈을 지불하고 떡볶이를 먹음으로써 식당은 돈을 벌게 되는 것이다. 여기에서 식당이 돈을 벌기 위해서는 먼저 소비자가 원하는 떡볶이를 잘 만들 줄 알아야 한다. 이때 떡볶이집의 기업 철학은 소비자가 맛있게 먹고 행복할 수 있게 해주는 것이 될 수 있다. 이러한 기업 철학이 소비자의 마음을 움직일 만한 내용일 때 소비자는 더욱 이 기업의 제품에 끌리게 되고 이것이 판매로 이어져 기업은 돈을 더 많이 벌게 되는 것이다. 기업 철학이 중요한 이유는 이 때문이다.

영어학원을 운영하는 박 대표의 경우 기업 철학이 '영어의 종착역, 꿈을 이뤄 DREAM니다.'이다. 여기서 중요한 것은 기업 철학은 소비자가 한눈에 이해할 수 있게 한 문장이나 몇 단어로 표현해야 한다는 사실이다. 그런데 문장만큼 중요한 것이 이미지다. 문장은 오래 기억에 남지 않을 수 있으나 이미지는 오래 기억에 남기 때문이다. 그래서 기업들은 이미지를 각인시키기 위해 로고 같은 것을 만든다. 일반 가게들의 경우 간판이 이에 해당할 것이고 온라인 블로그나 카페 같은 경우 초기 화면의 디자인이 해당할 것이다. 박 대표가 운영하는 네이버 카페의 경우 전체를 노란색으로 이미지를 만들었다. 색은 사람들에게 이미지를 기억

시키기 위한 가장 강력한 방법이 될 수 있다. 스타벅스 하면 녹색이 떠오르고 코카콜라 하면 빨간색이 떠오르는 것도 이러한 색 이미지를 잘 사용했기 때문에 생긴 결과이다. 따라서 브랜드 이미지를 만들려고 할 때 소비자가 떠올릴 수 있는 나만의 색을 만드는 것이 중요하다.

성공한 1인 기업 마케팅 배우기

1인 기업을 성공시키기 위해 가장 중요한 것은 마케팅이다. 마케팅이란 내가 만든 브랜드를 소비자에게 알리고 판매로 이어지도록 하는 과정들이다. 만약 내가 아무리 좋은 아이디어나 제품을 만들었다 하더라도 이것이 팔리지 않는다면 수입을 얻을 수 없다. 내가 아무리 강의를 알차게 준비했다 하더라도 수강생이 한 명도 없거나 몇 명만 있다면 내가 좋아하는 일만 할 뿐이지 수입은 기대할 수 없다. 따라서 마케팅에 자신이 없다면 1인 기업을 세우는 것에 대해 다시 생각해볼 필요가 있다.

기업에서 마케팅이 차지하는 정도가 이처럼 크기 때문에 각 기업은 마케팅 부서를 따로 두고 많은 비용을 쓴다. 대기업의 마케팅 부서는 홍보부터 영업, 판매, 서비스까지 매우 다양한 범위까지 펼쳐져 있다. 그런데 1인 기업은 이러한 마케팅을 혼자 해야 한다. 1인 기업은 제품 준비도 해야 하므로 이러한 마케팅까지 혼자 감당하는 것은 거의 불가능하다.

그렇다면 성공한 1인 기업가들은 어떤 마케팅 기법을 활용할까? 지식 콘텐츠를 만드는 1인 기업가로 활동하고 있는 바라(유튜브 닉네임) 대표는 1인 기업가의 마케팅은 1인 기업의 특성에 맞게 해야 한다고 조언한다. 혼자 홍보부터 판매까지 모두 감당할 수 없으므로 혼자서도 할 수 있는 온라인 마케팅에 집중해야 한다는 것이다. 여기서 온라인 마케팅이란 네이버 카페나 블로그, 유튜브나 인스타그램 등 각종 SNS를 활용하는 방법이다.

바라 대표의 경우 블로그 마케팅으로 성공한 사례다. 먼저 자신의 브랜드를 담은 블로그를 만드는 것이 첫 번째 순서이다. 다음으로는 자신의 블로그가 검색결과 상위에 노출되도록 해야 한다. 이때 검색어 키워드를 어떻게 설정하느냐가 매우 중요하다. 예를 들어 '상위노출마케팅' 방문영 대표의 경우 스피치 분야에서 '스피치 잘하는 법', '떨지 않고 말 잘하는 법'의 키워드를 썼더니 자신의 블로그가 첫 페이지 1~2번째에 노출이 되었다고 한다. 이러한 방법은 '블로그 상위노출 방법' 등의 검색으로 많은 정보를 알아낼 수 있으니 잘 이용하기를 바란다.

블로그를 알리는 또 하나의 방법으로 자신의 블로그와

관련된 대형 블로그나 카페에 가서 댓글을 남기는 방법이 있다. 이때 댓글이 주목받을 경우 내 블로그에 새로운 이웃을 유입시키는 생기는 효과를 볼 수 있다.

이렇게 내 블로그가 많은 사람에게 알려지면 그 블로그 주제에 관심 있는 사람들이 몰려들게 된다. 이렇게 몰려든 사람들에게 자연히 내 콘텐츠를 홍보할 수 있고 강의를 하거나 프로젝트를 진행할 때 사람들을 모을 수 있다. 또한 이 블로그는 단지 마케팅 역할만 하는 게 아니라 브랜딩 역할도 하기에 일석이조의 효과를 얻을 수 있다.

물론 이런 인기 블로그가 되기 위해서는 사실 많은 노력과 시간이 필요할 수 있다. 하지만 이렇게 한 번 구축된 블로그는 블로그 하나로 브랜딩과 마케팅 문제를 모두 해결할 수 있기에 매우 유용하다. 따라서 조금 시간이 걸린다고 하더라도 나만의 블로그를 구축하는 것은 1인 기업가에게 꼭 필요한 일이다. 바라 대표는 이런 블로그 하나로 브랜딩과 마케팅 문제를 모두 해결하며 강사, 프로젝트 진행자, 컨설턴트 등의 다양한 분야에서 성공적인 1인 기업가로 안정된 사업을 진행하고 있다.

만약 블로그가 적성에 맞지 않는다면 요즘 대세인 유튜브를 마케팅 플랫폼으로 삼을 수 있다. 근래에 유튜브를 통하여 자신의 브랜드를 알리는 1인 기업가가 많다. 유튜브에서 '1인 기업가'를 검색하면 자신을 알리는 많은 1인 기업 유튜버들을 만날 수 있다.

성공한 1인 기업 마인드 배우기

1인 기업은 혼자 사업을 진행하기에 무엇보다 마인드가 중요하다. 사업을 진행하다 보면 수많은 장애물에 걸리는데 이때 마인드가 무너지면 지속적으로 사업을 진행하기 힘들기 때문이다. 1인 기업으로 성공한 사업가들을 보면 한 가지 공통점이 있다. 장애물에 걸렸을 때 쉽게 포기하지 않고 도리어 오기가 발동하여 더 열심히 했다는 점이다.

온라인에서 가장 많은 명품을 판매하는 기업 '머스트잇'을 창업한 조용민 대표도 처음에는 1인 기업으로 사업을 시작하였다. 대학생 때 파티용품 판매로 사업을 시작했다가 규모의 한계를 느끼고 명품 판매업에 뛰어들었다. 하지만 돈이 부족했던 터라 투자를 받기 위해 스타트업 투자자를 찾아갔다. 그런데 거기에서 "구멍가게나 하는 게 잘 어울리겠다."라는 충격적인 말을 듣는다. 처음엔 모욕감을 느낄 정도로 충격을 받았으나 이내 오기가 발동하여 더 열심히 일했다. 그 결과 매출이 조금씩 오르기 시작하더니 점점 큰 기업으로 발전해 지금은 온라인 명품 판매 1위 기업으로까지 성장하였다.

대학생으로 구성된 팀으로 '조인앤조인(지속가능하고, 신뢰할 수 있는 디저트와 원료를 제조하는 회사)'을 창업하여 성공적으로 1인 창조기업을 일군 진해수 대표의 이야기도 새겨들을 만하다.

그는 처음 대학생들로 구성된 팀으로 1인 창조기업을 만든 후 정부 지원사업에 매달렸다. 하지만 지원하는 족족 다 떨어지는 것이 아닌가. 남들은 쉽게 받는 1인 창조기업 사업 지원을 왜 자신들은 못 받을까, 생각하니 너무 힘들기도 하고 자존심도 상했다. 이때 진해수 대표는 자신감이 떨어지기는커녕 오기가 발동하여 우리끼리라도 더 열심히 해보자는 생각을 하였다. 그리고 정부 지원을 하나도 받지 않고 자본금 0원으로 시작하여 1년 차에 2억, 2년 차에 10억, 3년 차에 40억 원의 매출을 기록하는 회사로 성장시켰다.

위 두 가지 예에서 우리가 공통적으로 발견할 수 있는 것은 1인 기업가의 마인드다. 1인 기업뿐만 아니라 세상의 모든 일 중에 쉬운 것은 하나도 없다. 특히 기업을 할 때 부딪치는 장애물은 수도 없이 많다. 장애물을 만났을 때 그 사람의 태도가 성공 여부를 결정짓는다. 만약 머스트잇의 조 대표나 조인앤조인의 진 대표가 장애물을 만나지 않았다면 지금 같은 성공을 거두지 못했을 수도 있다. 그들은 장애물을 만났기에 오기가 발동하였던 것이고 그 오기가 더 큰 에너지를 이끌어내어 결국 성공의 고지에 올라설 수 있었던 것이다.

이처럼 1인 기업가의 마인드는 그 사업이 성공하느냐 그렇지 못하느냐를 판가름하는 가장 중요한 요소인지도 모른다. 자신이 1인 기업을 꿈꾸고 있다면 지금부터 이 마인드를 기르기 위해 노력해야 한다.

1인 기업가의
성공과 실패

지금까지 우리는 1인 기업에 관한 많은 요소를 살펴보았다. 코로나19로 어려운 요즘 1인 기업이 대세라는 말도 있고 1인 기업이야말로 돈과 시간에서 자유로운 직업이란 말에 관심을 가지는 사람이 점점 많아지고 있는 것도 사실이다. 하지만 인기가 있는 직업인만큼 사람들이 많이 몰려들게 마련이고 그만큼 경쟁도 심해질 것은 쉽게 예상할 수 있다.

1인 기업의 성공률은 얼마일까?

무슨 사업이든 처음 시작하려고 할 때 과연 내가 하려고 하는 사업이 성공률이 얼마나 되는지 살펴보는 것은 꼭 필요하다. 길거리에 나가보면 가장 많은 것이 식당이다. 그

많은 식당을 보며 처음 드는 생각은 과연 저 많은 식당이 다 먹고 살까, 하는 물음이다. 이에 관하여 식당 업계에 내려오는 이야기가 있다. 식당 10개가 문을 열면 8~9개가 문을 닫는다는 속설이다.

이것은 실제 행정안전부의 지방행정 인허가 데이터로 증명되기도 했다. 2020년 창업한 일반음식점은 총 6만 5천 806개이고, 폐업한 음식점은 5만 4천437개이다. 창업 대비 폐업 비율을 계산하면 82.7퍼센트로, 일반음식점 10곳이 문을 열 때 8곳 이상은 문을 닫은 셈이다. 물론 이 통계는 그해에 문을 연 식당과 문을 닫은 식당의 비율을 나타낸 것이지 우리나라에 있는 전체 식당을 대상으로 한 것은 아니다. 전체 식당을 놓고 보자면 10개 중 상위 1~2개는 돈을 벌고 중위 3~7개는 현상 유지, 하위 3개 정도는 폐업한다고 보는 것이 맞다. 여기서 현상 유지란 기본 생활비 정도를 번다고 보면 된다.

그렇다면 1인 기업은 성공률이 어느 정도일까? 1인 기업만으로 나와 있는 통계는 찾아보기 어렵고 1인 기업도 창업이므로 창업 기업의 통계청 통계를 살펴보면 대략 1인 기업의 성공률이 어느 정도 되는지 알아볼 수 있다. 코로나 이전인 2017년 새로 만들어진 기업이 92만 개였는데 문을 닫은 기업은 70만 개에 달했다. 이 가운데 문을 연 기업의

90퍼센트가 1인 기업이었고 문을 닫은 기업의 90퍼센트도 1인 기업이었다. 이로써 1인 기업의 성공률은 10퍼센트 내외일 것으로 예상할 수 있다. 즉 1인 기업도 식당과 마찬가지로 10개가 문을 열면 8~9개가 문을 닫는다는 이야기다.

이 통계만 보면 덜컥 겁이 날 수도 있다. 하지만 이 역시 그해에 사업을 시작한 1인 기업과 사업을 접은 1인 기업의 비율을 나타낸 것이지 우리나라에 있는 전체 1인 기업을 대상으로 한 것은 아니다.

사실 이 통계보다 새로 세운 기업이 1년 뒤에도 생존할 확률(생존율)을 보는 것이 1인 기업의 성공률을 더 현실적으로 이해하는 방법일 수 있다. 새로 세운 기업이 1년 뒤에도 생존할 확률은 65퍼센트였고 5년 생존율은 29퍼센트로 나왔다. 물론 이것은 1인 기업만이 아니라 전체 기업을 대상으로 한 것이어서 1인 기업의 생존율은 이보다 조금 낮을 수도 있다. 하지만 내가 목표로 한 기간에 사업을 안정시킬 자신이 있다면 얼마든지 도전해볼 수 있는 확률이다.

현상 유지만 해도 일단은 성공

세상에는 세 종류의 사람이 있다. 성공한 사람과 실패한 사람, 그리고 현상 유지를 하는 사람이다. 비단 사업이 아니더라도 어느 분야든 성공자의 비율은 적게는 1~5퍼센트

사이라고 보는 것이 일반적이다. 물론 이것은 직장에도 그대로 적용된다. 직장 내에서 성공의 척도는 계속 진급하여 최고 높은 자리까지 가는 것이며 이런 사람은 전체 직장인 중 5퍼센트가 되지 않는다.

실패자의 비율은 성공자보다 매우 높은 편이다. 10~30퍼센트까지도 볼 수 있다. 여기서 실패자란 그 분야의 일에 대한 도전을 포기한 사람을 뜻한다. 실패했으나 계속 도전하고 있다면 아직 실패자라고 말하기에는 이르기 때문이다.

우리가 주목해야 할 부분은 현상 유지하는 60~70퍼센트에 해당하는 사람들이다. 여기서 현상 유지란 아직 큰돈을 벌지는 못하지만 사업을 접을 정도로 어려운 상태는 아닌 경우다. 또는 어느 정도 밥벌이는 하는 상태를 뜻한다.

직장인 대부분은 여기에 해당된다. 1인 기업가도 크게 다르지 않다. 어느 정도 수입이 들어와 사업을 유지하는 상태라면 현상 유지에 해당될 수 있다. 그런데 이들의 경우 성공자는 아니지만 어느 정도 노력을 통하여 기반을 닦은 상태라고 볼 수 있다. 그런 점에서 성공의 기준을 조금 낮춘다면 이들도 나름 성공한 사람들이라고도 볼 수도 있다. 생각해보라. 직장인의 경우 그간의 노력을 통하여 어느 정도 전문성을 키웠기에 실패가 아닌 현상 유지의 자리에 앉아 있을 수 있는 것이다.

또 1인 기업의 경우도 나름대로 제대로 공부하고 준비를 했기에 실패하지 않고 1인 기업을 유지해나갈 수 있는 것이다. 따라서 내가 1인 기업으로 현상 유지하고 있다면 의기소침해 있지 말고 성공을 향해 가기 위해 더욱 노력하면 된다. 성공하지 못했다고 절대 실망해서는 안 된다. 이런 이야기를 하는 이유는 많은 1인 기업가들이 성공을 꿈꾸고 사업을 시작하지만 성공 궤도에 오르지 못해 실망하는 경우가 많기 때문이다.

실패한 1인 기업에서 배워라

1인 기업을 할 때 진짜 조심해야 하는 것은 실패에 대한 부분이다. 1인 기업의 실패는 그동안 들인 많은 노력과 투자를 물거품으로 만드는 일이므로 사람을 낙심에 빠지게 만든다. 물론 진짜 성공자는 이러한 실패마저도 밑거름으로 삼아 성공을 일구게 되지만 어떤 사람들은 실패하면 다시 일어서지 못하기도 한다.

실패는 성공의 어머니란 말이 있는 것처럼 대부분 성공의 자리는 이런 실패를 많이 경험한 사람들이 차지하게 된다. 왜 실패를 많이 한 사람이 성공의 자리에 가게 될까? 성공보다 실패에서 배울 것이 더 많기 때문이다. 우리는 계속 성공만 경험한 사람이 실패하는 경우도 종종 보게 된다.

그런데 이 경우 그가 다시 일어서지 못하는 것을 많이 보는데 이는 실패에서 배운 경험이 없기 때문에 나타나는 현상이다.

어떤 일에 실패하는 이유는 간단하다. 몰랐기 때문이다. 알았다면 실패까지 가지는 않았을 것이다. 따라서 우리는 내가 직접 실패를 경험하지 않더라도 다른 사람의 실패를 통하여 실패의 원인을 배울 수 있다. 우리는 지식정보 사회에 살고 있기 때문에 인터넷이나 유튜브에 검색만 하면 실패 사례가 쏟아져 나온다. 이를 철저히 공부하여 나에게 숨어 있는 실패의 원인을 제거해가면 나는 실패를 경험하지 않고도 1인 기업을 유지해나갈 수 있다. 다음으로 1인 기업이 실패한 예를 통하여 실패의 원인을 알아보도록 하자.

L씨는 자신만의 사업을 하고 싶어 1인 기업으로 인터넷 쇼핑몰을 창업하였다. 인터넷 쇼핑몰에서 팔 물건을 찾는 것을 '상품 소싱'이라고 하는데 L씨는 발품을 판 끝에 간편 조리 닭갈비와 곱창을 발견하고 이것으로 결정하였다. 소싱업체 사장님과 괜찮은 가격에 거래를 할 수 있었고 또 조리가 간편하고 맛도 좋아 1인 가구 소비자에게 인기를 끌 것이라고 확신했기 때문이다.

그리고 인터넷 쇼핑몰을 창업하기 위해서는 쇼핑몰 사이트를 만들어야 하는데 여기에 수백만 원이 든다는 사실에 L씨는 머뭇거렸다. 다행히 좀 더 알아본 결과 네이버 스마트스토어를 이용하면 무료로 쇼핑몰 사이트를 개설할 수 있다는 사실을 알아내고 드디어 자신만의 인터넷 쇼핑몰을 열게 되었다.

이제 상점을 열었으니 매출이 오를 거라 생각했는데 첫날 매출이 0원이었다. 이상하다 싶어 자신의 제품을 검색해보니 경쟁 상품이 무려 수백 개가 넘었다. 아무리 페이지를 넘겨도 자신의 상품은 나오지 않았다. 거의 60페이지쯤에 가서야 겨우 발견할 수 있었다. 만약 소비자가 간편 닭갈비를 먹고 싶어 검색을 한다면 L씨의 상품이 선택될 확률은 거의 제로에 가까웠다.

L씨는 결국 광고비를 내야 1페이지에 제품을 노출할 수 있다는 사실을 알고 울며 겨자 먹기로 광고비를 내기로 결심한다. 다행히 매출이 오르기 시작했으나 광고비 빼고 수수료 빼고 나니 자신에게 돌아오는 순이익은 직장인 평균 연봉의 10분의 1 수준도 되지 않았다. 결국 L씨는 인터넷 쇼핑몰에 대한 관심이 점점 멀어져갔고 인터넷 쇼핑몰을 닫을 수밖에 없었다.

우리는 L씨의 경우를 통하여 실패한 원인을 찾아야 한다. 아마 비전문가라 하더라도 L씨에게서 답답한 점을 발견하였을 것이다. 개인이 인터넷 쇼핑몰을 하려 한다면 자기 상품만의 차별성이 있어야 한다. 차별성이 없다면 소비자들은 대개 유명 회사 제품을 선택할 것이기 때문이다. 그런데 간편 닭갈비는 너무 흔한 상품이다. 예를 들어 '무항생제 닭갈비'라든지 '통큰(양이 매우 많은) 닭갈비'라든지 해서 차별성이 조금이라도 있으면 모를까, 그냥 '간편 닭갈비'라고 내세우면 실패하기 딱 좋은 품목이다.

L씨가 또 준비하지 못한 것이 마케팅과 관련된 부분이다. 나름 상품 소싱과 쇼핑몰 구축은 잘한 것 같다. 하지만 1인 기업의 핵심은 마케팅에 있다. 오죽하면 "영업력이 없다면 1인 기업 꿈도 꾸지 마라."라는 말이 있을 정도겠는가. L씨는 마케팅에 대한 준비가 안 된 상태에서 1인 기업을 시작하였다. 뒤늦게 광고를 내고 하는 것은 실패할 확률이 매우 높다. 그리고 요즘 시대에 마케팅은 광고만을 뜻하지 않는다. 광고 외 여러 마케팅 전략이 필요하다.

기업이 잘 굴러가게 하는 네 바퀴

우리는 L씨의 예를 통하여 1인 기업이 실패하는 원인을 살펴보았다. '1인 창조기업협회' 김희정 협회장은 1인 기업의 성공과 실패의 예에 대해서 다음과 같이 말하고 있다.

"1인 창조기업의 90퍼센트가 망해나가지만 10퍼센트의 조용한 성공도 있다. 1인 창조기업이 성공할 경우 1인 기업에서 벤처회사로까지 성장하게 된다. '1인 창조기업협회' 회원 기업 중에서도 1인 기업으로 시작하여 직원 10여 명을 둔 회사로 성장한 경우도 있다.

반면 실패한 1인 기업의 경우 실패의 원인이 있다. 지금의 쉐어링(나눔) 개념이 나오기 전 쉐어링이란 아이템으로 1인 기업을 시작한 분이 있었는데 아이템도 너무 좋았고 시기도 딱 맞았지만 자금 문제로 실패한 사례가 있다. 초기 쉐어링 모델로는 수익 구조를 만들기 어려워 초기 자금이 많이 필요했는데 투자 유치에 실패해 아쉽게도 사업을 접게 되었다.

또 청년 1인 기업 중에는 갑자기 군대를 가게 되어 사업을 접게 된 경우도 있다. 당시 스마트폰 앱 개발로 사업을 잘 진행하고 있었는데 갑자기 군대를 가게 되므로 사업을 진행할 사람이 없게 되어 1인 기업을 그만두게 된 경우다. 1인 기업은 혼자 사업을 진행하는 경우가 많아 본인이 일을 못하게 되면 사업도 접게 되는 경우가 있으므로 이 부분도 꼭 참고해야 한다.

김희정 협회장은 네 바퀴가 잘 굴러가야 자동차가 잘 달릴 수 있는 것처럼 기업도 기획, 관리, 자금(마케팅), 아웃소싱(외부에 일을 맡기는 것)이라는 네 바퀴가 잘 갖추어져야 잘 굴러갈 수 있다고 강조한다. 반짝이는 아이디어가 기획이라면 일하는 시스템을 만드는 것이 관리이다. 그리고 마케팅과 영업을 통하여 돈이 굴러가게 해야 하고 기업은 혼자 모든 일을 할 수 없으므로 아웃소싱 네트워크도 잘 만들어두어야 한다. 쉐어링 기업의 경우 자금이란 바퀴에 구멍이 난 것이고 청년 1인 기업가의 경우 관리란 바퀴에 구멍이 난 것이다.

1인 기업도 엄연한 기업이기에 네 바퀴 중 하나만 구멍이 나도 큰 타격을 입을 수밖에 없다. 성공한 1인 기업가는 미리 네 바퀴에 대해 충분히 공부하고 네 가지 요소에 대한 역량을 갖춘 후 기업 활동에 뛰어든 사람들이다. 반면 실패한 1인 기업가는 네 바퀴 중 반드시 어느 하나에 약점이 있다. 다른 바퀴가 아무리 튼튼하다 해도 한 바퀴만 문제가 생기면 자동차는 달리지 못하게 된다. 그래서 실패하는 1인 기업이 생기는 것이다. 따라서 1인 기업을 준비한다고 할 때는 반드시 네 바퀴에 관한 공부를 하고 어느 정도의 역량을 갖춘 후 뛰어들어야 한다.

김희정 협회장은 네 바퀴의 비유를 이해하기 위해 '최소율의 법칙'을 알아야 한다고 강조했다. 최소율의 법칙이란 식물이 잘 자라는 조건은 최소 필수 원소의 양에 의해 결정된다는 이론이다. 식물의 양분으로 주어지는 다른 원소의 양이 아무리 많다 하더라도 꼭 필요한 어느 한 원소의 양이 최소량 이하이면 식물은 잘 자랄 수 없다는 것이다. 마찬가지로 1인 기업에 뛰어든 사람 중에는 네 바퀴 중 하나 이상에 큰 강점(기발한 아이디어 등)이 있는 경우가 많다. 만약에 기업이 성공하면 이 강점 때문에 성공할 가능성이 매우 크다.

하지만 영업력이 뛰어난 사람의 경우 기획 쪽에, 기획이 뛰어난 사람의 경우 영업 쪽에 큰 약점을 가지고 있는 경우가 많다. 기업이 안 될 경우 바로 이 조그마한 약점에 걸려 망하게 된다는 이야기다. 1인 기업에 유독 실패가 많은 까닭은 바로 이 네 바퀴 중 하나에 약점을 가진 사람들이 기업 활동에 뛰어들기 때문이다.

[나도 1인 기업]
인터넷 쇼핑몰에서 온라인 콘텐츠 강사까지!

1인 지식기업인 '오래콘텐츠연구소'를 세운 '엘슈가라이프(이하 엘슈가)' 대표는 과거에 평범한 직장인이었다. 아이를 키우기 위해 회사를 그만두게 되었던 그가 1인 기업에 관심을 두게 된 계기는 자신이 운영하던 블로그 때문이었다. 엘슈가 대표는 블로그에 종종 자신의 일상생활을 올리곤 했는데 이웃들이 자기 옷이나 머리띠 같은 것들을 어디에서 샀는지 묻는 일이 잦았다. 이에 처음에는 블로그를 통해 공동구매를 하다가 아예 스마트스토어를 열어 사업을 시작했다. 스마트스토어는 네이버에서 개설할 수 있는 인터넷 쇼핑몰이다. 엘슈가 대표는 이 스마트스토어에 엘슈가라이프를 개설하였다.

엘슈가라이프는 소형 쇼핑몰에서 대형 쇼핑몰로 전환해야 할 만큼 폭풍 성장을 했다. 하지만 엘슈가 대표는 쇼핑몰 규모를 키우는 대신 고객과의 소통에 집중하기로 하면서 인스타그램, 유튜브, 페이스북 등에도 자신의 소통 플랫폼을 만들었다. 그런데 이 과정에서 생각지도 않은 새로운 사업 영역이 생긴다. 이번에는 엘슈가 대표가 만든 SNS 콘텐츠에 관심을 가지는 사람들이 많아지기 시작한 것이다. 엘슈가 대표의 콘텐츠란 블로그와 인스타그램 등 온라인 플랫폼을 여러 개 운영하면서도 쇼핑몰로 안정적인 수익을 내는 노하우와 관련된 것들이다.

엘슈가 대표의 고객 중에는 자신처럼 직장을 다니다가 그만두고 가정 살림을 하면서도 자신만의 1인 기업을 하고 싶어 하는 사람들이 많았다. 이에 엘슈가 대표는 자신만의 콘텐츠로 강의도 하고 코칭과 컨설팅도 하는 새로운 일을 하기 위해 오래콘텐츠연구소를 세우기에 이른다. 이후 엘슈가 대표는 실제 오프라인 강의도 하고 일대일 코칭도 하게 되면서 새로운 사업의 영역도 안정되게 꾸려나가기 시작한다.

엘슈가 대표의 1인 기업에서 주목할 부분은 1인 기업으로서의 수입 시스템이 잘 구축되어 있다는 점이다. 엘슈가 대표는 인터넷 쇼핑몰 수입뿐만 아니라 멀티 플랫폼에서의 광고 수입, 강의와 코칭 수입까지 수입원을 다각화했다. 이런 경우 1인 기업은 기초가 탄탄하여 오래갈 수 있는 기업의 조건이 될 수 있다.

*출처: 오래 가는 콘텐츠의 비밀, 엘슈가 블로그(https://blog.naver.com/rkgptnr1)

4장
1인 기업가의 미래는 어떨까?

4차 산업혁명이
미래 직업을 바꾼다

우리나라 사람들이 중학교에서 고등학교, 고등학교에서 대학을 갈 때 가장 중요하게 생각하는 것은 무엇일까? 부모의 영향도 있겠지만 학생 대다수는 좋은 곳에 취직이 되거나 취직이 잘 되는 쪽으로 진학을 하고 싶어 한다. 사는데 있어 밥벌이가 그만큼 중요하기 때문이다.

10년 뒤에 직업은 어떻게 달라질까?

좋은 고등학교나 좋은 대학을 가려고 하는 이유도 좋은 학교를 나와야 좋은 곳에 취직할 수 있다는 믿음이 있기 때문이다. 취업률이 높은 학과의 합격 점수가 높은 것도 이 까닭 때문이다. 이 생각은 적어도 지금까지는 어느 정도 맞아떨어지는 것처럼 보였다.

그러나 우리는 지금 매우 빠르게 변화하는 시대를 살고 있다는 사실을 알아야 한다. 코로나19로 인하여 이미 변화가 시작되었다. 그 이전부터 4차 산업혁명의 바람이 몰아닥치면서 산업 부문에서 큰 변화가 일어날 것을 예고하고 있었다. 실제 많은 부문에서 변화가 일어나고 있다. 만약 4차 산업혁명으로 인하여 산업 부문에 커다란 변화가 생긴다면 직업에도 큰 변화가 생기는 것은 당연하다. 그래서 직업 전문가들은 지금 인기 있는 직업 중에는 앞으로 딱 10년 뒤에 없어질 직업이 많다고 경고하고 있다.

지금 중학생이나 고등학생이 직업을 갖게 되는 시기는 중학생의 경우 10년보다 훨씬 뒤가 될 것이고 고등학생의 경우 늦으면 8~10년 뒤(남학생의 경우 군대가 포함되므로)가 될 수 있다. 그런데 만약 지금 인기 있다는 직업에 꿈을 꾸면서 대학까지 졸업했는데 그 직업이 없어진다면 어떨까? 그야말로 닭 쫓던 개 지붕 쳐다보는 꼴이 되고 만다. 따라서 직업을 준비하고 있는 학생들은 앞으로 우리나라의 산업이 어떻게 변화할 것이고 그에 따라 직업은 어떻게 변화할지를 관심을 가져야 한다. 10년 뒤에 사라질 직업도 있을 테지만 새로 생겨나는 직업도 있을 것이기 때문이다.

4차 산업혁명이 왜 직업을 바꿀까?

10년 뒤 직업이 바뀐다고 하는데 왜 그런 일들이 일어나는 걸까? 그 중심에 4차 산업혁명이 있다. 4차 산업혁명이 무엇인지부터 알아야 직업이 왜 바뀌는지도 이해할 수 있다. 그럼 산업혁명 앞에 1, 2, 3처럼 차수를 붙이게 된 이유는 무엇일까? 인류의 산업이 그야말로 비약적으로 발전하였기 때문이다. 1784년 증기기관과 방적기 발명으로 기계생산이 가능한 1차 산업혁명이 일어났다. 다음으로 1879년 철강, 화학, 전기 등의 기술혁신으로 대량생산이 가능한 2차 산업혁명이 일어났다. 그뒤 1969년 전자, 정보기술, 자동생산이 3차 산업혁명을 이끌었다.

그렇다면 4차 산업혁명이란 어떤 변화 때문에 생긴 말일까? 컴퓨터와 통신기술의 발전은 엄청난 양의 정보를 쏟아냈다. 그래서 3차 산업혁명을 정보화 시대라 부르기도 한다. 그런데 만약 이 엄청난 정보가 인공지능과 만난다면 어떤 일이 벌어질까? 인공지능이란 사람의 지능을 대신할 수 있는 지능이면서 수학적 계산 같은 부분은 인간의 지능을 뛰어넘는 지능이다. 이것은 2016년 3월, 당시 최고의 바둑기사였던 이세돌 기사와 알파고(인공지능 바둑기사)의 바둑대결에서 알파고가 이김으로써 증명되었다. 이러한 능력을 가진 인공지능과 정보를 결합하면 많은 부분 인간의 일을 대신할 수 있는 시스템을 만들 수 있다. 이런 일이 산업 전반에 일어날 경우 산업 부문에 지금까지와는 차원이 다른 변화가 일어날 것은 쉽게 예상할 수 있다. 그래서 이러한 산업 시대의 변화를 4차 산업혁명이라 부르기로 한 것이다.

어떤 사람들은 우리가 이미 4차 산업혁명 시대의 초입에 들어섰다고 이야기하기도 한다. 인공지능 로봇이 등장하여 사람의 일을 대신하는 일들이 곳곳에서 일어나고 있기 때문이다. 지금은 뷔페나 큰 식당에서 로봇이 주문을 받거나 빈 그릇을 치우는 모습을 종종 볼 수 있다. 빈 접시 처리를 사람이 했으나 요즘은 로봇이 대신하고 있다. 먹거리를 배달하는 로봇이 거리를 활보하기도 한다. 요리하는 로봇이 등장하는가 하면 심지어 소설 쓰는 인공지능도 등장하고 있다.

현재까지 나와 있는 4차 산업혁명의 핵심 기술들은 인공지능을 포함하여 사물인터넷, 빅데이터, 자율주행차, 3D 프린터, 블록체인 등이며 그밖에도 다양한 기술들이 개발되고 있다. 사물인터넷은 스마트폰은 물론이고 자동차, 냉장고, 세탁기, 시계, 심지어 가지고 다니는 가방이나 목걸이 같은 액세서리까지 우리 생활과 관련된 모든 사물을 인터넷으로 연결하는 기술이다. 만약 이 기술이 성공한다면 스마트홈, 스마트카, 스마트오피스가 가능해진다. 집과 자동차, 사무실은 물론이고 심지어 걸어 다니면서도 나와 관련된 모든 사물을 관리할 수 있게 되는 시대가 펼쳐지는 것이다. 즉 사물인터넷의 핵심 개념은 모든 사물을 연결시키는 것이다. 만약 이 기술이 보편화된다고 생각해보면 당장 스마트홈, 스마트카, 스마트오피스와 관련된 많은 직업들이 새로 생겨날 것을 예상할 수 있다. 반면 기존의 홈, 자동차, 오피스와 관련된 직업들은 큰 타격을 입을 수밖에 없다.

4차 산업혁명 때문에 미래의 직업이 크게 변화할 거라고 이야기하는 것은 이와 같은 원리 때문이다. 만약 자율주행차가 보편화된다고 생각해보라. 자율주행차 기술과 관련된 직업이 새롭게 생겨날 것은 뻔한 이치다. 반대로 기존의 자동차와 관련된 직업은 대부분 타격을 입을 수밖에 없다.

3D 프린터 기술은 제조업 분야에 조금 충격일 수 있다. 최근 3D 프린터로 집과 자동차를 찍어냈다는 뉴스도 나오고 심지어 음식과 인공장기까지 만들어냈다는 뉴스도 나왔다. 어떻게 프린터로 이런 것들을 만들어낼 수 있을까? 그 원리를 이해하는 것은 복잡하므로 생략하고 일단 이로 인한 직업의 변화를 생각해보면 엄청난 변화를 예상할 수 있다. 왜냐하면 3D 프린터로 만들어낼 수 있는 분야가 우리 생활 전반에 걸쳐 있기 때문이다. 이제 4차 산업혁명이 직업의 판도를 바꿔놓을 것이라 말하는 이유가 조금은 이해

되었을 것이다.

10년 뒤 직업은 어떻게 변화할까

4차 산업혁명으로 인한 직업의 변화에 대한 뉴스는 단골 메뉴로 등장하고 있다. 10년 뒤 사라질 직업이라든지 10년 뒤 떠오를 직업을 예상하여 뉴스로 발표하는 일이 잦아지고 있다. 그런데 발표하는 기관마다 차이가 있고 어떤 경우 발표한 지 이미 10년이 되었는데도 사라지지 않은 직업이 있기도 해서 혼란을 주고 있다. 따라서 정확히 10년이라는 수치보다 앞으로 10년 동안 4차 산업혁명 기술이 어느 정도까지 발전할 것을 예상하여 현실적으로 타격을 입을 직업과 새롭게 주목받을 직업에 대해 살펴보는 것이 타당하다.

2019년 영국의 대표적 방송인 BBC 뉴스가 인공지능 기술 자동화로 인해 타격을 입을 수 있는 직업 7가지를 발표하였다. 놀랍게도 그 첫 번째 직업이 의사였다. 인공지능으로 자동화된 검진 시스템과 치료 시스템으로 의료계 일부 분야가 타격을 입을 수 있다는 것이다. 단 응급과 관련된 분야는 타격을 입지 않을 것으로 예상했다. 변호사와 회계사 또한 인공지능으로 자동화된 법률처리와 세무 처리가 가능하므로 타격을 받을 것으로 예상했다. 이와 같은 자동화된 처리 시스템 때문에 경찰 내에서도 일반적 업무를 보는 직업들이 타격을 입을 전망이다. 간단한 건물 설계는 인공지능 소프트웨어로 가능하기 때문에 일반 건축가 또한 타격을 입을 것으로 예상했다. 반면 창의적 건축가의 경우 예외이다. 또 부동산 거래도 더욱 발전된 온라인 거래 시스템에 의해 이루어질 것이므로 부동산 중개인도 타격을 입을 것으로 예상했다.

한편 우리나라의 한국고용정보원에서 발표한 〈기술혁신을 반영한 장기 인력수요 전망〉이라는 보고서를 통해 2030년 정도에 전망이 좋은 직업 10개를 살펴보면 다음과 같다.

10위 청능사(청력과 관련된 각종 업무를 하는 직업)

9위 웹방송 전문가(유튜버 등)

8위 간호사

7위 요양보호사 및 간병인

6위 놀이치료사

5위 사회복지관리자

4위 심리상담 전문가

3위 인공지능 전문가

2위 수의사 보조원

1위 프로게이머

위의 직업 중 4차 산업혁명과 관련된 직업은 인공지능 전문가밖에 보이지 않는다는 것이 특징적이다. 나머지 4차 산업혁명과 관련된 직업들은 위에 발표하지 않은 11위부터 30위 사이에 포진해 있다. 16위 로봇공학기술자, 17위 3D프린팅모델러, 23위 증강현실전문가 등이 그것이다.

한국고용정보원이 우리의 예상보다 4차 산업혁명 관련 직업을 많이 넣지 않은 이유는 예상 시기를 2030년으로 봤기 때문이다. 한국고용정보원은 그때까지는 4차 산업혁명 기술이 획기적으로 발전하지는 않을 것이고 따라서 이와 관련한 직업의 변화도 미미하게 일어날 것으로 예측했다. 한국고용정보원의 미래 직업 예상은 그냥 하는 것이 아니라 실제 직업 현장의 기술 발달 정도를 모두 고려하여 미래 직업 변화를 예측하는 시스템을 가지고 있기에 조금 더 믿을 만하다.

지금 청소년들이 직업을 갖게 되는 시기가 앞으로 10년 뒤라고 했을 때 10년 뒤 현재의 직업이 어떻게 변화될지 알아두는 것은 매우 중요하다. 앞에서 4차 산업혁명이 직업 세계에 큰 변화를 가져올 것은 분명한 사실이지만 그것은 4차 산업혁명 기술이 완성되었을 때의 이야기이다. 만약 앞으로 10년 안에 4차 산업혁명의 기술들이 완성된다면 큰 변화가 일어나겠지만 많은 전문가들은 10년 안에 완성 단계까지 이르기는 어렵다고 보고 있다. 따라서 이런 모든 상황을 고려하여 자신의 직업을 잘 결정하는 것이 중요하다.

미래 기업의 유망 모델,
1인 기업

1인 기업을 이야기하면서 어려운 4차 산업혁명과 관련된 직업의 변화를 말하는 이유는 1인 기업이 4차 산업혁명과도 깊은 연관이 있을 수밖에 없기 때문이다. 왜 1인 기업은 4차 산업혁명과 연관이 있을 수밖에 없을까?

인공지능이 사람을 대신하는 시스템

4차 산업혁명을 이야기하지 않더라도 우리는 이미 많은 기업들이 자동화된 기계 시스템으로 변하여 고용하는 사람의 수가 줄어들고 있음을 눈으로 보고 있다. 버스만 하더라도 과거에는 안내양이 버스 요금을 받았다. 하지만 돈 받는 기계가 나오면서 버스 안내양이라는 직업이 사라졌다. 공장도 마찬가지다. 과거에는 많은 일을 사람의 손으로 해결했으나 자동화 기계가 나오면서 기계 제어 기술과 관련된 몇 사람만 남고 나머지 공장에서 일하던 직업은 모두 사라졌다. 주유소는 어떤가. 불과 몇 년 전까지만 하더라도 주유소 아르바이트가 인기였으나 주유 자동화 시스템이 나오면서 주유소 아르바이트라는 직업이 거의 사라졌다.

그런데 앞으로 4차 산업혁명 기술이 발전되면 이런 현상은 더욱 가속화될 수 있다. 사람의 지능까지 대신하는 기계가 나오게 되므로 단순 작업을 하는 현장직뿐만 아니라 심지어 단순 업무를 하는 사무직까지 인공지능 시스템이 일을 대신할 수 있는 것이다. 이 경우 기업 입장에서는 과거보다 훨씬 적은 인력으로 회사를 움직일 수 있게 된다. 인건비보다는 자동화 시스템으로 움직이는 것이 비용 면에서 훨씬 적게 들기 때문이다.

그렇다면 기업에 취직하지 못하는 그 많은 사람은 어떤 직업을 가져야 할까? 이에 대한 대안으로 떠오르는 것이 바로 1인 기업이다.

1인 방송 시대가 열린 이유를 생각해보아야 하는 이유

최근 몇 년 사이에 가장 큰 타격을 입은 기업 중 하나가 지상파 방송사일 것이다. 방송사도 하나의 기업으로 봤을 때 과거에는 거의 몇 개 기업이 방송 시장을 주도하고 있었다. 그러던 방송사가 케이블 방송이 생기면서 나누어졌고 1인 방송 시대가 열리면서 이제 주도권까지 내주는 상황까지 이어지고 있다. 이에 〈유튜브에 밀리고 적자에 치이고… 시청률 반토막 지상파의 추락〉●과 같은 기사가 쏟아져 나오면서 실제 지상파 방송이 1인 방송 때문에 큰 타격을 입고 있다는 사실이 현실화되었다.

사실 과거에는 상상도 못할 일이 벌어지고 있는 셈인데 이런 현상을 어떻게 봐야 할까? 우리는 1인 방송이 곧 1인 기업을 뜻한다는 점에서 이 문제를 살펴볼 수 있다. 유튜브 1인 방송을 기준으로 살펴보면, 1인 방송이 가능한 것은 유튜브라는 플랫폼 기술 때문이다. 유튜브 플랫폼 기술은 인터넷 기술로부터 시작하여 3G, 4G로 이어지는 통신기술과 컴퓨터 시스템 기술의 발전이 있었기에 가능했다. 통신 기술의 발전은 곧 5G로 이어질 4차 산업혁명 기술과도 직결된다. 이러한 정보 기술의 혁신적 발전은 집에 앉아서 스마트폰만 있으면 전 세계인을 대상으로 방송할 수 있는 길을 열어놓았다. 그것도 지상파 방송처럼 일방적 방송이 아니라 쌍방 소통할 수 있는 방송의 시대이다. 이에 그동안

●   출처: 조선일보, 2019. 8. 23.

방송에 뛰어드는 사람들이 우후죽순 쏟아져 나왔고 1인 방송 시대를 열었다.

1인 방송은 곧 1인 기업을 뜻한다. 즉 1인 방송 시대의 열풍은 곧 다가올 1인 기업의 성공시대를 미리 보여주는 전조현상이라고 볼 수 있다.

1인 기업은 미래 직업으로 왜 유망할까?

과거에 개인이 방송을 한다는 것은 상상조차 하지 못했다. 왜냐하면 기술이 뒷받침되지 않았기 때문이다. 그런데 IT 기술의 발달로 개인도 방송을 할 수 있는 시스템이 만들어졌기에 개인 방송 시대가 펼쳐진 것이다.

1인 기업도 마찬가지다. 방송과 마찬가지로 과거에 개인이 기업을 한다는 것은 상상할 수 없었다. 그런데 이 역시 IT 기술의 발달과 함께 개인도 기업을 할 수 있는 시스템(인터넷, 블로그, 유튜브 등)이 갖춰졌기에 1인 기업가가 쏟아져 나오고 있는 것이다.

그런데 현재 개발되고 있는 4차 산업혁명의 기술들은 더욱 1인 기업을 하기에 적합한 기술들로 돌아가고 있다. 대표적 기술인 인공지능부터 5G 통신기술, 사물인터넷, 빅데이터, 3D프린터, 증강현실 등 이 모든 기술이 개인이 집에서도 사업을 진행할 수 있는 시스템을 가능하게 만든다. 만약 이 기술들이 현실화하면, 회사에 출근하지 않아도 효과적으로 기업 활동을 할 수 있는 시스템이 만들어진다. 그뿐만 아니라 인공지능 자동화 시스템으로 인하여 각 기업은 필수 인력만 필요하지 많은 사람이 필요 없게 된다.

이런 기업 환경에서 어느 날 갑자기 1인 방송 시대가 불길 번지듯 열린 것처럼 1인 기업 시대가 활짝 펼쳐질 것은 쉽게 예상할 수 있다. 앞으로 미래에 1인 기업이 유망한 분야가 될 것이라 이야기하는 이유가 바로 이 때문이다.

미래에 유망한
1인 기업의 분야들

1인 방송이 트렌드가 된 것처럼 미래에 1인 기업이 유망한 기업 모델이 될 것이란 이야기를 했다. 그렇다면 미래에 유망한 1인 기업의 분야에는 어떤 것들이 있을까? 물론 이러한 예측은 4차 산업혁명 기술이 발전하는 속도와 깊은 연관이 있기에 기술 발전의 속도에 따라 차이가 날 수 있음을 감안하고 생각해봐야 한다.

코로나19 영향과 관련된 1인 기업 유망 분야

다음은 미래학자로 유명한 박영숙 교수가 김미경 TV에 출연하여 예측한 미래에 유망한 직업 분야에 대한 이야기이다.

박영숙 교수는 코로나19의 영향과 4차 산업혁명 기술의 발달로 미래의 직업에 큰 변화가 일어날 것이라고 내다보았다. 먼저 재택근무가 일반화될 것이므로 스마트홈 기술이 급격히 발전할 것으로 보인다. 이와 관련하여 스마트 캠핑카도 유망한 직업 분야로 떠오를 것으로 보인다. 전기차가 일상화되면 기름 주유소가 없어지고 드론 충전소가 새롭게 등장할 것으로 보인다. 또 건강과 웰빙에 더욱 관심을 갖게 될 것이므로 스마트팜● 기술이 떠오를 것이며 각종 스마트 헬스케어 산업이 활성화될 것으로 보인다. 기존의 학원 대신 온라인 스마트 학습 분야도 떠오를 것이며 요리 로봇, 마사지 로봇, 설거지 로봇 등 로봇 전성시대가 펼쳐질 것이다.

박영숙 교수는 이와 관련하여 미래에 1인 기업이 도전하기 좋은 유망 분야에 대해서도 예측했다.

먼저 스마트홈과 관련하여 스마트 기술이 추가된 주택의 리모델링 사업이 활발히 일어날 것으로 보인다. 주택 리모델링과 관련하여 스마트홈 기술을 가진 1인 기업이라면 충분히 도전해볼 만하다.

● 스마트(smart)와 농장(farm)의 합성어로, 전통 경작 방식의 농축수산업에 인공지능과 빅데이터, 사물인터넷, 지리정보시스템 등 IT첨단 기술을 접목해 생산성을 높이는 시스템을 일컫는다.

다음으로 '가정건강관리사'라는 직업이 각광받을 것으로 보인다. 그동안 건강은 병이 나면 병원에서 해결하는 것으로 되어 있었다. 하지만 미래의 건강은 예방 의학이 필수이며 코로나19로 병원 가는 것도 무서운 시대다. 따라서 가정에서부터 건강을 지키고 관리하는 것이 필수인 시대를 맞이하고 있다. 이에 각종 건강관리 정보와 기술들이 쏟아져 나오고 있기에 이 정보와 기술들을 활용한 가정건강관리사라는 직업이 주목받을 것으로 보이며 홈 헬스케어 산업 분야도 뜰 것으로 보인다.

이와 관련하여 디지털 피트니스 분야도 각광받을 것으로 보인다. 즉 헬스장에 가지 않고도 온라인 소통을 통하여 피트니스를 받을 수 있게 하는 것이 디지털 피트니스 분야이다. 이러한 분야들은 모두 1인 기업으로 도전하기에도 손색이 없는 분야들이다.

또한 1인 기업이 미래 유망 분야로 관심을 가져야 할 분야로 방문 서비스 분야가 있다. 그동안은 가게를 차려놓고 손님들이 찾아오게 하는 서비스를 했다면 미래의 서비스는 찾아가는 서비스로 변화할 가능성이 높다. 이 부분은 이미 코로나19로 시작된 변화이기도 하다. 코로나19로 가게를 차려놓은 자영업들은 큰 피해를 보았지만 배달 서비스업종은 큰 호황을 누렸다. 마찬가지로 미용, 교육 등의 분야에서 찾아가는 서비스를 한다면 큰 호응을 얻을 수 있을 것으로 보인다. 이것은 단지 가정방문 서비스만을 뜻하는 것이 아니라 스마트카 시스템이 도입된 소형 버스나 승합차로 방문하여 미용이나 교육 등의 서비스를 제공하는 방식이다. 1인 기업에서 이런 시스템을 갖출 수 있다면 더없이 좋은 사업 아이템이 될 수 있을 것이다.

한편 미래에는 한곳에 고정되어 있는 집보다 이동식 주택, 즉 캠핑카의 붐이 일어날 수도 있다. 현재 1인 가구가 점점 늘어나는 시대와 맞물린다면 비록 집보다는 불편하지만 언제든 이동할 수 있고 빽빽한 주택가에 살지 않아도 된다는 점에서 캠핑카는 충분히 주목받을 수 있다. 게다가 스마트카 시스템이 장착된 캠핑카라면 더욱 인기를 끌 수 있다. 기존의 차를 캠핑카로 리모델링할 수도 있고 아예 캠핑카로 개조된 차를 출시할 수도 있다. 이와 관련된 기술을 가지고 있는 1인 기업가라면 충분히 도전해볼 수 있는 분야이다.

1인 기업 유망 분야와 관련 학과

현재 4차 산업혁명과 관련하여 뜨고 있는 분야는 인공지능을 이용한 각종 IT 기술, 빅데이터를 이용한 기술, 친환경 관련 기술 등이 있다.

인공지능을 이용한 각종 IT 기술이란 우리 생활 전반에 인공지능 기술을 이용한 IT 기술을 접목시키는 것을 말한다. 예를 들면 우리가 사용하고 있는 스마트폰 음성인식, 유튜브 검색과 같은 각종 검색엔진, 인터넷 쇼핑 상품 추천, 자율주행자동차, 각종 로봇 등이 인공지능 기술을 접목한 상품들이다. 인공지능 기술은 이 밖에 제조, 유통, 서비스, 금융, 통신, 의료 등 우리 생활 전반에 걸쳐 깊숙이 들어와 있다. 이러한 인공지능과 관련한 공부를 해두면 인공지능 관련 기업에 취직하여 실력을 쌓을 수 있고 나중에 1인 기업 창업도 도전해볼 수 있다.

빅데이터는 하루에도 거의 메가톤급으로 쏟아지는 인터넷(SNS) 정보를 이용한 기술이다. 이 엄청난 양의 정보를 통하여 여론과 패턴을 읽고 어떤 흐름과 미래를 예측할 수가 있다. 이러한 빅데이터가 인공지능과 결합하면 다양한 직업이 등장할 수 있다. 예를 들면 1인 맞춤 서비스 제공 플랫폼(상품, 맛집 등), 1인 맞춤 부동산 정보 제공, 개인 맞춤 디자인 제공(신발, 옷 등)과 같은 직업이 생겨날 수 있다. 그뿐만 아니라 생각을 넓혀 보면 애완견에 대한 정보 제공, 웹소설이나 웹툰 등의 정보 제공, 인기 영상 정보 제공, 농촌, 도시 직거래 서비스 제공, 아이들 안전 식품 정보 제공, 빅데이터를 이용한 개인 맞춤 음식 추천, 건강식 추천 서비스 등 다양한 분야의 직업도 생겨날 수 있다. 그리고 이런 직업들은 모두 1인 기업이 하기에 적합한 직업들이다. 인공지능과 빅데이터를 공부해 두면 이런 직업들을 선택할 때 더 세밀하고 정확하게 서비스해줄 수 있다.

이러한 직업에 관심 있는 청소년들은 요즘 대학에 인공지능 관련 학과와 빅데이터 관련 학과가 점점 많아지고 있으니 대학 진학 시에 이런 전공을 생각해볼 수 있다.

친환경 관련 기술 부문도 관심 있게 살펴봐야 한다. 친환경 관련 기술이란 지구온난화 문제를 해결하기 위해 기존의 화석연료(석유와 석탄 등) 대신 환경오염이 없는 신재생에너지를 개발하는 기술이다. 이와 관련하여 친환경 연료, 전기자동차, 각종 친환경 상품 등이 개발되고 있다. 주목할 것은 이러한 친환경 부문에 전 세계 여러 나라들이 대규모 투자를 하고 있다는 사실이다. 미국의 경우 수백조 원을 투자할 계획이고 우리나라도 수십조 원을 투자할 계획을 하고 있다.

따라서 앞으로 수년 내에 이 분야의 산업이 성장할 가능성이 충분하므로 관심을 가져야 한다. 이와 관련된 직업(1인 기업과 관련된)으로 생각해볼 수 있는 것이 친환경 포장용기, 폐식용유 처리, 버려지는 제품의 재활용, 일회용품 대체품 개발, 스마트팜(집안 내 농장), 폐 태양광 패널 재활용 등 무궁무진하다.

　만약 친환경 산업에 관심이 있다면 대학도 이와 관련된 학과로 진학할 수 있다. 친환경에너지공학과라는 신설학과가 생긴 대학도 몇 군데 있으나 대부분의 대학에서 친환경 관련 학과를 가기 위해서는 환경공학과, 지구환경과학과, 환경보건학과, 환경생명공학과, 환경시스템공학과, 환경학과, 생태환경관광학부, 해양환경학과 등의 문을 두드려야 한다.

미래 1인 기업 유망 분야 총정리

- 스마트 기술이 추가된 주택의 리모델링 사업

- 가정 건강관리사

- 홈 헬스케어 산업

- 디지털 피트니스 분야

- 스마트카를 이용한 가정방문 서비스(미용, 교육 등)

- 스마트 캠핑카 사업

- 1인 맞춤 서비스 제공 플랫폼(상품, 맛집 등)

- 1인 맞춤 부동산 정보 제공

- 1인 맞춤 디자인 제공(신발, 옷 등)

- 애완견에 대한 정보 제공

- 웹소설이나 웹툰 등의 정보 제공

- 인기 영상 정보 제공

- 농촌, 도시 직거래 서비스 제공

- 아이들 안전 식품 정보 제공

- 빅데이터를 이용한 개인 맞춤 음식 추천

- 건강식 추천 서비스

- 친환경 포장 용기 분야

- 폐식용유 처리 분야

- 버려지는 제품의 재활용 분야

- 일회용품 대체품 개발 분야

- 스마트팜(집안 내 농장)

- 폐 태양광 패널 재활용 분야

[나도 1인 기업가]
독서와 글쓰기만으로 1인 기업 최강자의 자리까지!

《역행자》[*]라는 책으로 베스트셀러 1위에 오르며 서점가에 돌풍을 일으키고 있는 청년이 있다. 자청(닉네임 '자수성가 청년'의 줄임말)이 그 주인공이다.

자청은 어느 날 갑자기 유튜브 1인 방송계에 뛰어들어 영상 20개만으로 구독자 10만 명을 달성하며 월수입 천만 원을 버는 청년 유튜버로 주목을 받았다. 그러나 얼마 후 유튜브계를 떠나버렸고 《역행자》라는 책으로 베스트셀러 1위에 오르며 다시 대중들 앞에 모습을 드러냈다. 현재

●   자청, 《역행자》, 웅진지식하우스, 2022.

그의 월 수익은 1억 원을 훨씬 넘는 수준이며 이미 30대에 경제적 자유를 얻었다고 하니 혀를 내두를 지경이다. 도대체 그는 어떻게 1인 기업으로 시작하여 이런 수준까지 도달할 수 있었을까?

자청 씨는 십대 때에 공부 못하는 열등생, 지독한 가난, 항상 우울한 외모 콤플렉스 등으로 불우한 시절을 보냈다. 집이 얼마나 가난했냐 하면 아무리 추운 겨울에도 보일러를 틀지 못할 정도였다. 그때 자청 씨는 얼음장처럼 차가운 바닥에 눕는 것이 죽기보다 싫었다고 말한다. 낮은 등급으로 겨우 입학한 대학도 아르바이트를 하느라 소홀히 하는 바람에 F 학점 받기가 일쑤였다고 한다. 일도 뜻대로 잘되지 않아 쫓겨나기도 했다.

하지만 함께 아르바이트하던 누나를 따라 도서관에 간 게 그의 인생을 바꾸는 계기가 되었다. 그곳에서 수백 권의 자기계발서를 읽으며 역행의 소통법을 깨우치게 되었다. 즉 사람들이 일반적으로 하는 방식이 아닌 반대의 방식으로 생각하고 소통하는 방법이다. 그는 이 방법을 통하여 사람들에게 인정받고 평소 어눌하던 말하기도 잘할 수 있게 되었다. 이후 그는 하루 2시간은 무조건 독서와 글쓰기에 시간을 투자했다. 그리고 자신을 레벨업 시키는 방법을 터득하게 되었다.

이후 온라인 심리상담을 내용으로 하는 1인 기업을 준비한 끝에 친구와 동업으로 창업하여 성공 가도를 달리기 시작했으나 정체기를 겪으면서 마케팅에 대한 중요성을 알게 되었다. '이상한 마케팅'이란 기업을 세우면서 다시 성공 가도를 달리게 되었고 현재에 이르게 되었다.

자청 씨는 자신의 성공 요인이 유전자를 거스르는 '역행'에 답이 있음을 알고 《역행자》라는 책을 내기에까지 이르렀다.

그가 말하는 '역행자'란 누구일까? 일반적으로 사람들은 자신이 유전과 환경으로 받은 성격대로 살아가게 된다. 하지만 이 한계에 갇혀 더 높은 위치에 오르지 못하는 경우가 많다. 더 높은 곳에 오르고자 할 때 이 성격을 거스르는 삶을 살아야 하는데 이러한 사람들을 역행자라고 한다.

독서와 글쓰기만으로 1인 기업 최강자의 자리까지 간 자수성가 청년 '자청'의 사례는 1인 기업을 꿈꾸는 많은 사람들에게 각광받고 있다. 그의 사례에서 보듯 자기만의 경험과 깨달음은 1인 기업의 귀한 토대가 됨을 알 수 있다.